DE LAS JUSTAS CAUSAS DE LA GUERRA CONTRA LOS INDIOS

JUAN GINES DE SEPULVEDA

TRATADO
SOBRE LAS JUSTAS CAUSAS DE LA GUERRA CONTRA LOS INDIOS

Con una Advertencia de
MARCELINO MENENDEZ Y PELAYO

y un Estudio por
MANUEL GARCIA-PELAYO

FONDO DE CULTURA ECONOMICA
México

Primera edición,   1941
Tercera reimpresión, 1996

ISBN 968-16-0197-1

Impreso en México

ADVERTENCIA PRELIMINAR

*El tratado de Juan Ginés de Sepúlveda que por prime-
ra vez se imprime á continuación no es obra enteramente
peregrina para los eruditos de las cosas de América, aunque hayan sido pocos hasta el presente los que han logrado
la fortuna de leerla. Teníase bastante noticia de su contenido, así por los tratados de Fr. Bartolomé de las
Casas como por el opúsculo que Juan Ginés de Sepúlveda compuso con el título de* Apologia pro libro de justis
belli causis, *impreso por primera vez en Roma en 1550, y
reimpreso en la colección de las obras de su autor publicada por nuestra Academia de la Historia en 1780, bajo
la dirección de D. Francisco Cerdá y Rico, escritor cu-
rioso y diligente, que en la vida de Sepúlveda, con que
encabeza la publicación, da muestras de haber tenido á
la vista una de las copias del diálogo inédito que ahora
publicamos, y aun extracta de él algunos párrafos.*

*Es verdaderamente digno de admiración, y prueba
irrefragable del singular respeto con que todavía en el
siglo xviii se miraban en España las doctrinas y opiniones de Fr. Bartolomé de las Casas y de los teólogos de
su orden acerca del derecho de conquista y acerca de la
condición de los indios, el que ni Cerdá y Rico ni los
demás académicos que intervinieron en la edición de
las obras de Sepúlveda, se atreviesen a incluir en ella
este opúsculo que, de cualquier modo que se le considere, no podía tener en el siglo pasado ni puede tener
ahora más que un valor histórico.*

Pero este valor es grande. Fr. Bartolomé de las Casas, que tenía más de filántropo que de tolerante, procuró acallar por todos los medios posibles la voz de Sepúlveda, impidiendo la impresión del Democrates alter *en España y en Roma, concitando contra su autor á los teólogos y á las universidades, y haciendo que el nombre de tan inofensivo y egregio humanista llegase a la posteridad con los colores más odiosos, tildado de fautor de la esclavitud y de apologista mercenario é interesado de los excesos de los conquistadores. En esta gran controversia, que tan capital importancia tiene en los orígenes del Derecho de Gentes, apenas ha sido oída hasta ahora más voz que la de Fr. Bartolomé de las Casas. Justo es que hable Sepúlveda, y que se defienda con su propia y gallarda elocuencia ciceroniana, que el duro e intransigente escolasticismo de su adversario logró amordazar para más de tres siglos. La Apologia de Sepúlveda la han leído pocos, y no era fácil de entender aislada como estaba de los antecedentes del asunto. El* Democrates alter *no le ha leído casi nadie, y es sin embargo la pieza capital del proceso. Quien atenta y desapasionadamente le considere, con ánimo libre de los opuestos fanatismos que dominaban á los que ventilaron este gran litigio en el siglo xvi, tendrá que reconocer en la doctrina de Sepúlveda más valor científico y menos odiosidad moral que la que hasta ahora se le ha atribuído. Fr. Bartolomé de las Casas trató el asunto como teólogo tomista, y su doctrina, sean cuales fueren las asperezas y violencias antipáticas de su lenguaje, es sin duda la más conforme a los eternos dictados de la moral cristiana y al espíritu de caridad. Sepúlveda, peripatético clásico, de los llamados en Italia helenistas ó alejandristas, trató el problema con toda la crudeza del aristotelismo puro tal como en la* Politica *se expone, inclinándose con más o menos circunloquios retóricos á la teoría*

de la esclavitud natural. Su modo de pensar en esta parte no difiere mucho del de aquellos modernos sociólogos empíricos y positivistas que proclaman el exterminio de las razas inferiores como necesaria consecuencia de su vencimiento en la lucha por la existencia. Los esfuerzos que Sepúlveda hace para conciliar sus ideas con la Teología y con el Derecho canónico no bastan para disimular el fondo pagano y naturalista de ellas. Pero no hay duda que si en la cuestión abstracta y teórica, Las Casas tenía razón, también hay un fondo de filosofía histórica y de triste verdad humana en el nuevo aspecto bajo el cual Sepúlveda considera el problema.

De este diálogo existían á fines del siglo pasado dos copias, una en la biblioteca del famoso ministro de Carlos III, D. Manuel de Roda y Arrieta, y otra en la de D. Francisco Pérez Bayer, cuyos méritos eminentes como orientalista y anticuario no es del caso recordar. La primera debe conservarse en el Seminario de Zaragoza, con los demás libros de Roda. La segunda pereció probablemente en el incendio que en la Biblioteca de Valencia (á la cual Bayer había legado sus libros) causaron las bombas francesas en tiempo de la guerra de la Independencia.

La copia que ha servido para nuestra edición fué facilitada á la Academia por el Sr. D. Julián Pereda, cura párroco de Villadiego, que hubo de adquirirla tiempo atrás con otros papeles curiosos. En la traducción que va al frente hemos procurado seguir y remedar el peculiar estilo del Dr. Sepúlveda, sin que por eso creamos que nuestro trabajo (útil tan sólo para dar alguna idea del original a quien no pueda leerle) se acerque ni con cien leguas a la exquisita corrección, pulcritud y generosa abundancia con que escribía siempre el autor del Democrates alter, *discípulo a la vez que rival de los más*

refinados latinistas de Italia. Hemos procurado, sí, templar los defectos de excesiva amplificación, ociosa sinonimia y repeticiones inexcusables en que el autor se complace y regala demasiado, á ejemplo de su gran maestro Marco Tulio, atento más al placer de los oídos que al del entendimiento.

M. MENÉNDEZ Y PELAYO

Juan Ginés de Sepúlveda y los Problemas Jurídicos de la Conquista de América

INTRODUCCION

A pesar de la importancia que Sepúlveda tuvo en su tiempo y de la difusión que alcanzaron sus obras, en especial desde que las publicó en 1780 la Academia de la Historia, no existe todavía un estudio monográfico sobre ningún aspecto de su pensamiento. Tan sólo incidentalmente puede encontrarse algo sobre él en estudios referentes a otros autores. Bibliografía tan limitada como falta de seriedad, y que respecto a América se mueve sobre este par de tópicos: que Sepúlveda era un acérrimo defensor de la esclavitud de los indios, y que su doctrina no es más que el producto de un carácter soberbio y orgulloso.[1]

[1] He aquí algunos ejemplos de esta literatura: "En contra de esta doctrina —antiesclavista— escribió el famoso J. G. de Sepúlveda su *Democrates Alter*. A. M. FABIE, *Vida, escritos y opiniones de Fray Bartolomé de las Casas, Obispo de Chiapa*, Madrid, 1879, p. 259; "L'auteur emploie les arguments plus impitoyables pour justifier la domination espagnole et l'écrasement des indigénes." NYS, *Le Droit de Gens en les anciens tratadistes espagnols*, Bruselas, 1914, p. 91. Otras opiniones muy parecidas cita el mismo Nys en *Les publicistes espagnols du xvi siècle et les droits des Indiens* (*Etudes de Droit International et de Droit Politique*, Bruselas-París, 1896). VACAS GALINDO: "Ginés de Sepúlveda se prestó a defender... con toda su alma ardiente la acción nefanda de tan criminales españoles". *Fray Bartolomé de las Casas, su obra y su tiempo*, Madrid, 1908, p. LXI; y en otro lugar (p. LXIII): "A Sepúlveda le faltaron desgraciadamente dos cosas: primera, sacudir el polvo del aciago aristotelismo de esta época, y segunda,

Hasta qué punto sea cierta la primera de estas afirmaciones, lo veremos en este trabajo. En cuanto a la segunda, podría quizá tener interés si se tratase de una biografía de Sepúlveda, pero carece de valor cuando lo que se trata de juzgar es una doctrina, pues ésta, en cuanto sale de la mente de su autor, tiene por sí una propia objetividad independiente y para la que nada o muy poco interesan los motivos psicológicos.

Ha sido Menéndez y Pelayo quien por primera vez emitió unos juicios atinados de Sepúlveda.[2] Sin embargo, no hallaron eco, y, bien porque siguiera desconociéndose la obra más importante sobre el problema, el *Democrates*

algo de virtud más sólida para no inficionarse del aire de orgullo que con tanta facilidad se deja sentir en la elevada atmósfera de la Corte." En parecidos términos se expresa también A. CARRIÓN, que habla de "las actitudes y desplantes de Ginés de Sepúlveda, tan aprovechado discípulo de Pomponazzi" y de "las marrullerías y trampantojos, las quisquillas y reconcomios de Sepúlveda y sus conmilitones". *Los Maestros Vitoria, Báñez y Ledesma hablan sobre la conquista y evangelización de los indios.* (*Ciencia Tomista,* XLIII, pp. 35 y 45.) No ha faltado tampoco quien ha querido ver en Sepúlveda un precursor de Nietzsche. Así RODRÍGUEZ ANICETO: *Maquiavelo y Nietzsche* (*Revista de Ciencias jurídicas y sociales,* t. II, Madrid, 1919). Todavía podría hacerse más extensa esta relación, pero con lo transcrito es suficiente para formarse una idea del estado actual de los estudios en torno a la figura de Sepúlveda.

[2] *Advertencia preliminar* a la edición del *Democrates Alter* (*Boletín de la Real Academia de la Historia,* t. XXI, cuad. IV, p. 258): "haciendo —Bartolomé de las Casas— que el nombre de tan egregio humanista llegase a la posteridad con los colores más odiosos, tildado de fautor de la esclavitud y de apologista mercenario e interesado de los excesos de los conquistadores... Quien atenta y desapasionadamente le considere con ánimo libre... tendrá que reconocer en la doctrina de Sepúlveda más valor científico y menos odiosidad moral que la que hasta ahora se le ha atribuido."

2

Alter, publicado por el mismo Menéndez y Pelayo,[3] bien por otras razones, la investigación en torno al ilustre humanista ha seguido siendo estéril hasta nuestros días.

Hay que exceptuar al hispanista inglés Bell, que reivindica la posición de Sepúlveda frente al problema de la esclavitud.[4] No así, en cambio, un trabajo posterior del conde de Looz-Corswarem, presentado como tesis doctoral en la Universidad de Gotinga.[5]

Tal es el estado de los estudios actuales sobre Sepúlveda, especialmente en lo que se refiere a la cuestión de la legitimidad de la conquista de América. En cuanto a su aspecto general, a pesar de los citados trabajos de Bell y Looz-Corswarem, no existe todavía un estudio digno de su personalidad.[6]

[3] El P. Vacas Galindo (*Ob. cit.*), por ejemplo, a pesar de dedicar varias páginas a Sepúlveda, no menciona el *Democrates Alter.*

[4] *Juan Ginés de Sepúlveda.* Oxford University Press, 1925, p. 38: "It must be noted that he did not advocate slavery, drawing a sharp distinction between subjection which was *civilis* and that which was *heril,* and dit not approve of compulsory conversion to Christianity, while he definitely denounced robbery or illtreatment of the natives." Después de decir que tales falsas acusaciones se deben a la falta de seriedad de Las Casas, añade: "His humane and sanely imperialisty views were confused with advocaty of the slave-trade and its interest."

[5] *Juan Ginés de Sepúlveda.* Inaugural-Dissertation, Göttingen, 1931, p. 89: "Für die Gerechtigkeit der Kriege gegen die Indianer führt er vier Hauptgründe an: I. Die Indianer sind von Natur Sklaven und müssen sich den Klügen unterwerfen. Wenn sie dies nicht wollen, können sie durch Krieg dazu gezwungen werden..." Entre las fuentes, cita, sin embargo, la edición del *Democrates Alter* de Menéndez y Pelayo, y en la bibliografía, el libro de Bell.

[6] Véase, además, Menéndez y Pelayo: *Heterodoxos,* t. IV, pp. 108 ss. Para datos bio-bibliográficos puede verse también Ramírez Arellano: *Ensayo de un catálogo biográfico de escritores de la provincia y diócesis de Córdoba,* Madrid, 1921, pp. 611 ss. y Cejador: *Hist. de la Lit. esp.,* t. II, p. 52 ss.

Nos proponemos llenar en parte esa laguna, examinando el pensamiento de Sepúlveda frente a las cuestiones jurídicas planteadas por el descubrimiento y conquista de América, tratando de situarle al mismo tiempo dentro de las corrientes dominantes de su época.[7]

I

SEPULVEDA Y LOS TRATADISTAS ESPAÑOLES

Los problemas jurídicos planteados por el descubrimiento y conquista de América rebasaban por su magnitud y peculiares circunstancias los cuadros del Derecho tradicional y positivo. En consecuencia, no podían ser

[7] Sepúlveda trata en diversos lugares de sus obras el problema que nos ocupa: así, por ejemplo, en *De Rebus Hispanorum gentis ad novum orbem Mexicumque* y en *De Regno et Regis Officio.* Pero la fuente fundamental para tal cuestión es:

Democrates Alter De Justis Belli causis apud indos. Escrito hacia 1547, permaneció inédito a causa de haber prohibido su impresión tanto el Consejo Real de las Indias como el Consejo de Castilla en virtud del informe desfavorable de las Universidades de Alcalá y Salamanca. Sin embargo, circuló bastante en copias manuscritas. Tampoco se publicó en la edición de las *Obras Completas* de Sepúlveda que en 1870 hizo la Academia de la Historia, según Menéndez y Pelayo por el "singular respeto con que todavía en el siglo XVIII se miraban en España las doctrinas y opiniones de Fray Bartolomé de las Casas".

Por fin, en el tomo XXI del *Boletín de la Real Academia de la Historia* (1892), fué editado por Menéndez y Pelayo con una traducción castellana al frente y valiéndose de un manuscrito que hoy se encuentra en la "Biblioteca Menéndez Pelayo".

Con referencia a su polémica con Las Casas, son fundamentales:

1. Summa quaestionis ad bellum barbaricum sive iudicum pertinentis, quam latius persequitur Genecius Sepúlveda in libro, quem de iustis belli causis conscripsit in qua omnes objectiones Salmanticae e Compluti factae proponuntur, et solvuntur. (B. N., ms. Q —98— Fol. 309) (T. 71 de la Col. Doc. In., pp. 309 *ss.*)

tratados por los juristas, ya que no entraban dentro de las categorías que ellos manejaban. Había que enfocar, pues, el problema desde el punto de vista de los principios que, extraídos de una concepción general del mundo y de la vida, eran aplicables a la vida jurídica.

La secularización de tales problemas no se había producido en la cultura del tiempo. De aquí que los encargados de tratar estas cuestiones fueran precisamente los teólogos, dado el universalismo científico que tenía entonces la Teología: "El deber, la misión del teólogo —decía Vitoria— son tan extensos que no hay argumento alguno, no hay disputa, no hay lugar ajeno a la profe-

2. *Argumentum Apologiae Rmi Domini Fratris Bartholomie a Casaus, Episcopi quondam Chiapensis adversus Genesium Sepulvedam, Theologum Cordubensem.* (En el t. 71 de la Col. Doc. In., pp. 331 *ss.*)

3. *Aquí se contiene una disputa o controversia entre el Obispo Fray Bartholomé de las Casas... y el doctor Ginés de Sepúlveda... La cual quaestio se ventiló y disputó en presencia de muchos letrados y theólogos i juristas en una congregación que mandó su majestad juntar en el año mil quinientos y cincuenta en la Villa de Valladolid.* (Comprende tres partes: 1. Un sumario de la controversia redactado por Domingo de Soto. 2. Doce objeciones por Sepúlveda. 3. Doce réplicas de Las Casas. Fué publicado en Sevilla y en el año de 1552. Modernamente hay las siguientes ediciones: Una de la primera parte, por la "Biblioteca de Autores Españoles", t. LXV, pp. 199 *ss.* La del Marqués de Olivart, de 1908, con estudio preliminar sobre Las Casas del P. Vacas Galindo, O. P. Y la facsímil publicada por la Facultad de Filosofía y Letras de Buenos Aires en la "Biblioteca Argentina de Libros Raros Americanos", t. III, Buenos Aires, 1924.)

4. Algunas cartas del *Epistolarium.* Principalmente su correspondencia con Melchor Cano y Martín de Oliva. (De las primeras hay ms. en la Bibl. Nac. Publicado en la edición de la Academia de la Historia, Madrid, 1780.)

5. *Proposiciones temerarias, escandalosas y heréticas que notó el doctor Juan Ginés de Sepúlveda en el libro de la Conquista*

sión e institución teológica".[8] Y así los tratadistas españoles que en esa época se ocupaban de estos problemas —y también los extranjeros, por ejemplo, Maior—,[9] son, o bien teólogos, o bien tratan la cuestión desde el punto de vista de la Teología. Esto último ocurre con los juristas Palacios Rubios, Gregorio López, Vázquez Menchaca, etc., que al ocuparse de los problemas suscitados por el descubrimiento de América lo hacen siguiendo las huellas de los teólogos y con los conceptos e ideas marcados por ellos.

El interés de Sepúlveda radica —entre otros aspectos importantes— en construir, hasta cierto punto, una excepción a esta regla, en romper esta línea general de los tratadistas españoles. Saber hasta dónde ha llegado esta ruptura es uno de los objetos que se propone el presente trabajo.

de las Indias que Fray Bartolomé de las Casas hizo imprimir "sin licencia" en Sevilla en el año de 1552. Cuyo título comienza: Aquí se contiene una disputa o controversia. Ms. letra fines siglo XVI, Bibl. Nac., 17508. (Col. Doc. In., t. 71, pp. 335 *ss.*)

6. *Apología pro Libro de Justis Belli Causis* 1550 (*Opera*, IV, 329-351).

La edición de sus *Obras* de 1780 lleva esta portada: *Joannis Genesii Sepulvedae cordubensis, Opera, cum edita, tum inedita, accurante Regia Historiae Academia.* Matriti, Anno, MDCCCLXXX.

[8] *De potest. civili*, I. En muy parecidos términos se expresan la mayoría de los teólogos: véanse las opiniones de Soto, Cano, A. de Castro, Santiago Simancas, Mariana, Molina, etc., en HINOJOSA: *Influencia que tuvieron en el Derecho público de su patria y singularmente en el Derecho penal los filósofos y teólogos anteriores a nuestro siglo.* Madrid, 1890, pp. 85 *ss.*

[9] Conf. LETURIA (Pedro): *Maior y Vitoria ante la conquista de América* (Anuario Asociación Francisco Vitoria, t. III, Madrid, 1932).

II

El punto de articulación entre el orden jurídico y la concepción general del mundo estaba constituído por el Derecho Natural. Sobre éste debía edificarse el orden jurídico positivo, que se integraba también, mediante él, en una concepción unitaria del Universo. Era, por tanto, en esta dimensión jurídica donde habían de ser tratados los nuevos problemas que planteaba el descubrimiento de América. De aquí la importancia que tiene esclarecer cuál era el pensamiento iusnaturalista de Sepúlveda. Para ello haremos una exposición de sus concepciones y después una breve referencia al lugar que ocupan entre las especulaciones del tiempo.

Sepúlveda reproduce la definición ciceroniana *est igitur lex naturæ, quam non opinio, sed innata vis inseruit* [10] y la equivalente de Aristóteles.[11] Pero establece una ulterior diferenciación, según la cual los preceptos de esta ley natural se manifiestan en dos direcciones. Es una de ellas la que se refiere a la vida puramente sensible, en cuyo caso tales normas son comunes al hombre y a los animales, por ejemplo, el repeler la injuria con la fuerza, la procreación y crianza de los hijos, etc. Se coloca así bajo la dirección tricotómica romana, cuya definición reproduce: *just naturale est, quod natura omnia animalia docuit.*[12] Pero pueden también referirse al aspecto ra-

[10] *De Rito Nuptiarum et dispensatione*, lib. II, 5 (*Opera*, IV p. 346.)

[11] ARISTÓTELES, *Etica a Nicomaco*, v. SEPÚLVEDA, *De fato et de libero arbitrio*, 1, 17 (*Opera*, IV, 482), *De convenientia disciplinae militaris*, lib. 1. 10 *Opera*, IV, 236), existe una versión romance *Diálogo llamado Democrates*, etc. Sevilla, 1557.

[12] *De Ritu*, II, 5 (IV, 436)

cional y engendrador de la vida social de los hombres,[13] por ejemplo, respetar pactos y embajadores, cultivo de la religión, veneración de la patria y parientes, etc.[14] El Derecho Natural constituye además el mínimo necesario para la garantía de la vida social.[15]

Respecto al origen y justificación de este Derecho, afirma Sepúlveda en algunos lugares, siguiendo la tradición escolástica, que tal especie jurídica es la participación de la ley eterna en la criatura racional[16] impresa por Dios y por la naturaleza en el corazón del hombre.[17] La razón nos inclina al bien y nos aparta del mal, y en este sentido ha de interpretarse el origen racional de la ley natural.

Ahora bien, Sepúlveda identifica de otra parte el Derecho Natural humano con el Derecho de Gentes,[18] ya que coincide con el sentir de los pueblos civilizados (*gentes humanitores*),[19] es decir, rige las relaciones de todos los pueblos, a excepción de aquellos tan bárbaros

[13] *De Ritu, loc. cit.; De fato, loc. cit.; Democrates Alter*, 276-277.

[14] *De Ritu, loc. cit.*

[15] *Democrates Alter*, pp. 256-357: "lo que es necesario para la defensa de la sociedad natural, ha de ser justo por ley de naturaleza".

[16] *Dem. Alt.*, p. 277; *De Regno et Regis Officio*, lib. I, 19 (*Opera*, t. IV, 112).

[17] *De Reg., loc. cit.* y otros lugares; *De ratione dicendi testimonium in causis ocultorum criminum*, cap. x: "*Haec est enim ratio manans ab ea, quam legem aeternam apellamus*" (*Opera*, IV, 398). *Dem. Alt.*, 277.

[18] *De Reg., loc cit.; De Ritu., loc. cit. De convenientia*, lib. I, II (*Opera*, 1, 236).

[19] *De Reg., loc. cit.; Dem. Alt.*, I, II.

que deben considerarse al margen de la Humanidad
(*ut humanitatem prorsus exuisse videantur*).²⁰

Se plantea ahora el problema de determinar lo que
deba ser contenido de este Derecho Natural. Contesta
a esto que la raíz para la determinación de tal contenido radica en el común sentir de los hombres. Pero la
variabilidad de los juicios humanos hace que sea muy
difícil determinar algo sobre lo que todos estén de acuer-
do.²¹ Problema que resuelve diciendo que es justo natural aquello que estiman así los hombres sabios y vir-
tuosos.²² Pues así como para saber si algo es dulce o amar-
go acudimos a los sentidos de los sanos, y el juicio de los
virtuosos y prudentes es lo que nos determina la medida
de la virtud,²³ así también el Derecho Natural debe ser
restringido a aquello que sea la opinión de los hombres
doctos, de tal manera que son los pueblos de superioridad
natural y ética los que deben determinar aquello que
sea justo por naturaleza.²⁴

En esta concepción iusnaturalista de Sepúlveda radica
el origen de sus ideas respecto a los problemas de Amé-

²⁰ *De Ritu, loc. cit.*

²¹ *De convenientia*, lib. I, 10 (*Opera*, IV, 236).

²² *De convenientia, loc. cit.*: "*Id porro ubique vim eamdem
habere, docti viri interpretantur, quod est tale sponte sua, non
quia sic placuerit legislatori cuipiam, aut alicui civitati.*"

²³ *De convenientia*, I, II (*Opera*, IV, 236).

²⁴ *De convenientia, loc. cit.*: "*Cum aliquid igitur hominum
communi sententia honestum vel turpe, justum aut vicissim injustum
esse dicimus, prudentium studiorumque judicia volumus intelligi,
non etiam perditorum et pravis tum opinionibus tum etiam moribus
corruptorum: nec si qua gens est adeo barbara et inhumana, ut
a sensu communi hominum abhorreat*". Véase también *De fato et
de libero arbitrio*, I, 17 (*Opera* IV, 482); *Oratio ad Carolum*, v, x
(*Opera*, IV, 365).

rica, y sólo partiendo de ella pueden ser comprendidos en su integridad.

Terminemos de exponer los puntos capitales del pensamiento iusnaturalista de Sepúlveda. El Derecho Natural no es algo rígido: algunos de sus preceptos pueden cambiar con las especiales circunstancias de lugar y tiempo. Una parte de él, sin embargo, permanece inmutable, y constituye además lo fundamentalmente natural: los preceptos del Decálogo.[25] La ley positiva está deducida del Derecho Natural;[26] en consecuencia, toda ordenación normativa de la vida social es susceptible de reducirse a una única ley: el Decálogo,[27] y todo precepto que no sea deducido de esta ley natural no tiene carácter jurídico.[28] Así, pues, parece que es sobre este fundamento indiscutible del Decálogo donde cabe la disparidad humana sobre lo que sea la manifestación más justa de sus principios.

Tratemos de hacer ahora unas ligeras observaciones sobre el lugar de Sepúlveda en la especulación iusnaturalista española. Su concepto del Derecho Natural extraído de la sentencia de Cicerón, es en líneas generales común a los juristas de la época, que reconocen, en efecto, un *ius naturale* de doble faceta en cuanto a los hombres y a los animales:[29] así Gregorio López,[30] Mendoza[31] y, sobre

[25] *De Regno.*, loc. cit.; Looz-Corswarem: *Jan Ginés de Sepúlveda*, 1931, p. 68.

[26] *De Ritu*, ii, 5 (*Opera*, IV, 437).

[27] *Dem. Alt.*, p. 274-5.

[28] *De Ritu*, loc. cit., "*quoniam lex, quae neque naturae consentanea sit neque rationi, fatua est aut tyrannica, breviter, indigna quae nomine leges appelletur*".

[29] Confr. Torres Aguilar Amat: *El concepto del Derecho según los escritores españoles de los siglos xvi y xvii*, Madrid, 1891.

[30] *Glosa a la ley 31*, XVIII, Parte 2; 1, 1.

[31] *Ad leges Taurinas insignes comentari*, L. I. *Relect*.

todo, Vázquez de Menchaca, que es quien más firmes analogías presenta con Sepúlveda.[32] En cambio, los teólogos no admiten, por lo general, más que el Derecho Natural puramente humano,[33] así Vitoria,[34] Soto,[35] Suárez,[36] etc.

La identificación entre Derecho Natural y de Gentes, que mantiene Sepúlveda, había sido ya superada desde San Isidoro de Sevilla.[37] Sin embargo, otros juristas de la época, especialmente Vázquez de Menchaca,[38] la sostienen

[32] Confr. *Contr. Illustribus* (hay una edición moderna de la Universidad de Valladolid. Valladolid, 1931-34). Menchaca distingue dentro del *Ius naturale simpliciter* un Derecho Natural común con los animales y un Derecho Natural propio del género humano (II, 89, 24), al que también se le llama Derecho de gentes primario, pues tuvo su origen con la humanidad misma, y es: "la misma naturaleza humana o un cierto instinto innato, y la razón natural que inclina a lo honesto y aparta de lo contrario" (I, X, 18). La primera edición de la obra de Menchaca que cita Nicolás Antonio es de 1663 (B. H. N.); la obra de SEPÚLVEDA, *De Ritu, etc.*, que es donde principalmente se contiene la tesis parecida a la de Menchaca, fué publicada en 1531 (conf. BELL); no señalamos en manera alguna una prioridad intelectual, sino sencillamente la existencia de una corriente dentro de la cual estaba Sepúlveda.

[33] Con algunas excepciones, por ejemplo, MOLINA: *De expensibus et meliorationibus*, III, Confr. TORRES AGUILAR, *ob. cit.*, p. 25.

[34] *Commentarium Summae Theologicae*.

[35] *De Iust. et Iure*.

[36] *De Legibus ad Deo Legislatore*.

[37] Confr. mi artículo *Los conceptos jurídicos fundamentales en San Isidoro de Sevilla* (*Revista de Ciencias Jurídicas y Sociales* Madrid, 1934).

[38] *Cont. Illus, loc. cit.*, y otros lugares; igualmente SOLÍS (*De Censibus*) entiende por Derecho de gentes primario el que tiene su causa eficiente en la razón natural, y secundario el constituído por la mayoría de los pueblos. También MENDOZA (*Disp. juris civilis*). Mas referencias en TORRES AGUILAR, *ob. cit.*

11

igualmente. Por lo demás, tiene en nuestro autor un sentido que le permitirá construir su propia teoría respecto al régimen de los indios. En este punto es importante destacar su insistencia en identificar el Derecho Natural con el de los países que pueden considerarse como civilizados.. No se trata, pues, de aquel Derecho Natural escolástico mantenido en esta época por los teólogos, según el cual todos los hombres y pueblos participaban en él meramente por su cualidad de tales, pues en todo el género humano y sobre todo el género humano regía tal Derecho, lo que conducía a la tesis vitoriana y de toda la Orden dominica respecto al problema de América. En cambio, en esta otra concepción expuesta por Sepúlveda del *ius naturæ = ius gentium primarium* restringido a los países civilizados, es donde radica el punto de partida de su especial visión americanista, ya que de esta manera es posible situar a los indios al margen de las elementales condiciones de vida jurídica indispensables para el respeto por los demás pueblos; más adelante veremos cómo una de las fundamentales razones que aduce nuestro autor para justificar la conquista y dominación, es la violación por los indios de los preceptos de la ley natural.

Hemos visto que Sepúlveda encontraba la raíz de la determinación de lo que sea justo por naturaleza, en el pensamiento de los doctos, virtuosos o prudentes. En este aspecto no puede insertarse a Sepúlveda en ninguna de las direcciones dominantes en la España de la época. Él mismo se encarga de indicarnos que la fuente de tal concepción se halla directamente en Aristóteles, tal como lo había aprendido en Italia al lado de Pomponazzi. Pero hemos visto también cómo mantiene al mismo tiempo la tesis de un Derecho Natural impreso por la ley eterna en la criatura racional. Se apunta así el origen de una fuerte contradicción interna que se hará después más palpable

al ocuparnos de la aplicación de su iusnaturalismo a cuestiones concretas. Se trata de la contradicción entre dos sistemas filosóficos opuestos, como son el aristotélico en sus auténticos contenidos —no naturalmente como había sido entendido en la Edad Media— y el estoico cristiano, y que para nuestro problema se manifiesta en la incompatibilidad de un Derecho Natural que el hombre posee y conoce por su cualidad de tal, con su otra concepción de la misma rama jurídica restringida a una parte del género humano y que solamente una selecta minoría puede decidir. No es difícil determinar que de las dos direcciones era la segunda la auténticamente sentida por Sepúlveda, y la razón de encontrarse ambas una junto a otra, estriba, a mi ver, en la necesidad en que tantos espíritus de la época se veían, de otorgar una concesión a las ideas dominantes o bien encubrir sus pensamientos bajo ellas.[39] Pero no se trata sólo de un interés puramente especulativo, sino de consecuencias prácticas. La tesis dominante, construída por los teólogos, jugaba en último término el papel de ideología encubridora del poder temporal de la Iglesia;[40] desde la tesis de Sepúlveda se podía llegar, por el contrario, a una fundamentación secular —lo que el mismo Sepúlveda no intenta— del imperio sobre los indios. Este es el sentido histórico representado en la polémica de Sepúlveda y la Orden dominicana, y el de la prohibición de la publicación de su obra fundamental sobre el problema.

En cuanto al resto de sus concepciones iusnaturalistas: mutabilidad del Derecho Natural, relaciones del mismo con la ley natural y civil, validez de ésta, etc., no

[39] Véase CASTRO (A): *El pensamiento de Cervantes,* Madrid, 1925.

[40] Muy instructiva a este respecto es la lectura de las *Treinta proposiciones muy jurídicas* del P. LAS CASAS, Sevilla, 1552.

13

aporta ningún pensamiento original y se coloca dentro de las direcciones generales de la época.

III

A. *La guerra y la religión*

Primer problema a determinar es el de si existe compatibilidad entre una concepción cristiana del mundo y la guerra; no la guerra contra los indios, sino en general.[41]

Las líneas directrices del pensamiento de Sepúlveda son las siguientes: En la ley antigua se encuentran una serie de pasajes de los que se desprende que la guerra es algo perfectamente permitido.[42] Tales preceptos no han sido derogados, pues frente a lo que pudiera deducirse de la Epístola de San Pablo a los Gálatas, está el testimonio del mismo Jesucristo: *non veni, legem solvere aut prophetas, sed adimplere,* y la vigencia de los preceptos del Decálogo.[43] La razón de que estos preceptos sean

[41] Además de en *Democrates Alter sive de justis belli causis apud indos,* trata muy principalmente del problema en *Democrates, sive de convenientia disciplinae militaris;* esta obra se publicó por primera vez en Roma en 1535; posteriormente, por la A. de la H. en el vol. IV de *Opera,* pp. 225-328. Existe también una versión española bastante rara, publicada en Sevilla en 1541 y que lleva por título *Diálogo llamado Democrates de cómo el estado o la cavallería no es ajeno a la religión cristiana.* Es un diálogo entre tres personajes: Leopoldo, "alemán un poco luterano"; Guevara, "español y soldado viejo", y Demócrates, griego, que representa las opiniones de Sepúlveda. También se alude a este problema, aunque no muy intensamente, en el resumen hecho por Soto de la controversia entre Las Casas y Sepúlveda (ed. moderna en el tomo III de la "Biblioteca Argentina de Libros Raros y Curiosos", ya citada).

[42] *De convenientia,* etc. L. I. 7.

[43] *Ibidem,* I, 8.

inmutables no radica en que así lo hayan afirmado los Padres de la Iglesia, sino sencillamente en que son leyes de la Naturaleza conformes a la razón y a la doctrina evangélica.[44] De aquí que las leyes naturales deban contarse entre las divinas [45] y que todo lo que sea Derecho Natural esté permitido por la ley antigua. En consecuencia, determinar la licitud o ilicitud de una guerra desde el punto de vista cristiano, equivale a hacerlo desde el Derecho Natural, ya "que todo lo que se hace por Derecho o ley Natural se puede hacer también por Derecho Divino o ley evangélica".[46]

El problema que se plantea, por tanto, es encuadrar la guerra dentro del Derecho Natural. Hemos visto cómo distinguía Sepúlveda dos diversas manifestaciones iusnaturalistas. Para la primera, es la guerra perfectamente justa, pues es de todos conocido que los animales se atacan entre sí con arreglo a los medios con que les ha dotado la naturaleza.[47]

Lo mismo ocurre con respecto a la segunda. No cabe duda que el mayor bien que puede apetecer la convivencia social es la paz; de aquí que la guerra sólo tenga sentido en tanto "no parezca sino un medio para buscar la paz". La vida social no se desliza tranquila, sino que intervienen en ella "crímenes y nefandas concupiscencias". El defenderse de ellas es la causa de la guerra,[48] lo cual se justifica plenamente, puesto que por Derecho Natural a todo el mundo le está permitida la defensa, tanto la de su propia persona como la de deudos y amigos.[49]

[44] *Ibidem*, I, 9.
[45] *Ibidem*.
[46] *Dem. Alter*, p. 271.
[47] *De Conv.*, I, 10.
[48] *Dem. Alter*, 267.
[49] *De Conv. Dem. Alter*, 271.

15

La resignación cristiana no impide para nada el empuñar las armas, pues tal virtud no es necesario mostrarla con actos exteriores, sino que basta que el corazón la sienta.[50] De otro lado, la misma esencia religiosa del hombre se manifiesta en dos dimensiones: en la vida eterna y en la vida social;[51] para la primera, es decir, para los que aspiran a la perfección más elevada tiene importancia tal virtud; pero para el mantenimiento de la vida social bastan los preceptos del Decálogo y las leyes naturales, lo que, por otra parte, es suficiente para la salvación eterna.[52]

El problema de la compatibilidad de la fe cristiana con la profesión de las armas había sido objeto de polémica en los primeros tiempos del cristianismo. San Agustín interpretó y limitó los preceptos evangélicos contrarios a la guerra en el sentido de hacerla compatible con el cristianismo; y, sobre todo, a partir de Santo Tomás existe un cuerpo de doctrina que siguen los tratadistas que se ocupan de la cuestión.[53]

En tiempos de Sepúlveda el problema había vuelto a cobrar actualidad merced a las polémicas que giran alrededor de la Reforma, pues Lutero en la discusión de las indulgencias había sostenido la injusticia de la guerra contra los turcos.[54] En tal actualidad halla su origen, y como refutación de las doctrinas de Lutero, la obra *De Con. Dis. Mili.* de Sepúlveda. También Vitoria insiste so-

[50] *Dem. Alter,* 271 y 272.

[51] *Ibidem,* 277.

[52] *Ibidem,* 273.

[53] VANDERPOL: *La Doctrine escolastique du Droit de Guerre,* París, 1925.

[54] LUTERO: *Resolutiones disputationum de indulgentiarum virtute* (1518), *conclusio,* LXIX, LXXII y otros lugares. (En *Luthers Werke,* t. I, pp. 135 y 137. Bonn, 1912.)

bre este tema hasta el extremo de presentárnoslo como la principal razón de pronunciar su segunda *Rele. de Iure Belli:* "es de hacer notar que si bien entre los católicos hay suficiente conformidad acerca de ella, sin embargo, Lutero, que nada dejó por contaminar, niega ser lícito a los cristianos tomar las armas contra los turcos".[55]

El argumento capital de Sepúlveda, a saber: que la ley antigua es perfectamente compatible con la evangélica y con la natural, es cuestión indiscutida a partir de Santo Tomás de Aquino (*Sum. 'Theo.* p. s. q. CVII), e incluso con las mismas citas bíblicas que Sepúlveda. Este mismo argumento lo recoge Vitoria *(De iure belli).*[56]

La guerra como medio para buscar la paz pertenece también el pensamiento cristiano tradicional. Así, Agustín (*De Civ. Dei,* XIX, 12 y otros lugares), Graciano (*Decreto,* cau. XXII, canon 5), Tomás de Aquino (*Sum. Theo.,* 2, 2, q. XL, art. I) e igualmente Vitoria (*Ob. cit.,* II, 1)

B. *La guerra justa*

No existe, pues, en principio, incompatibilidad entre la guerra y la religión, pero esto no basta para justificar aquélla, sino que es preciso, además, que sea justa.

[55] *Relectio posterior de Indis sive de Iure Belli Hispanorum in Barbaros I Christianus licet militari et bella gerere.* (Ed. Getino, pp. 388-389.)

[56] "La guerra fué lícita en la ley natural, como consta en Abraham, que peleó con cuatro reyes (Gén. 14). Asimismo en la ley escrita, en la cual tenemos el ejemplo de David y de los Macabeos. Por otra parte, la ley evangélica no prohíbe nada que sea lícito por ley natural, como elegantemente enseña SANTO TOMÁS DE AQUINO en la *Prima Secundae,* q 107, art. último; por lo cual es llamada ley de la libertad (Santiago, 1 y 2). Luego lo que era lícito en las leyes y escritos no deja de serlo en la ley evangélica" (II, 1).

Tal carácter exige ante todo que la apelación a las armas constituya la *ultima ratio,* es decir, que sea el único procedimiento para llegar a la paz, que como ya se ha indicado, es el sumo valor social.[57] Pero, además, es preciso que reúna conjuntamente estas cuatro condiciones: 1ª, causa justa; 2ª, autoridad legítima; 3ª, recto ánimo; 4ª, recta manera de hacerla.[58]

Todas estas condiciones carecen de originalidad; son las enunciadas por Tomás (*Sum. Theo.,* 2, 2, q. XL), y si bien la última no está expresada de una manera taxativa, se desprende a través de su concepción general del problema. Igualmente se encuentran en toda la escuela medieval que sigue a Tomás,[59] como también en Vitoria, que estudia los problemas que encierran cada una de las condiciones.[60]

1º   Causa justa

No se encuentra en Sepúlveda un concepto expreso de causa justa, pero sí una enunciación de los casos en que ésta se manifiesta:

A) *Repeler la fuerza con la fuerza;* esta causa se asienta directamente en el Derecho Natural, afirmando Sepúlveda, con evidente influencia aristotélica, que de la misma manera que Dios ha dado a los animales medios físicos de defenderse, ha preparado a los hombres para la guerra.[61]

[57] *Democrates Alter,* p. 267; *De Regno,* III, 13 (*Opera,* vol IV, p. 146); *Democrates,* I, 24 (*Opera,* IV, p. 247)

[58] *Democrates Alter,* pp. 278-279.

[59] *Véanse los textos en* VANDERPOL: *La doctrine scolastique du Droit de Guerre* (ult. ed.), p. 52. París, 1925.

[60] *De Iure belli;* casi toda la primera parte está destinada a glosar la tesis tomista.

[61] *Democrates Alter,* pp. 284-285; *De Regno,* I, 21 (*Opera,* IV, p. 146); *Democrates,* I, 21 (*Opera,* IV, 245).

No constituye ninguna aportación original, encontrándose en todos los que se ocupan de este problema.[62]

B) *Recobrar las cosas injustamente arrebatadas*, no sólo las propias, sino también las de los aliados.[63] Lo demuestra con ejemplos de la Sagrada Escritura.

C) *Castigar a los malhechores* cuyos delitos hayan quedado impunes en el Estado a que pertenecen, o a los que debiendo castigarles no lo han hecho.[64]

D) *La superioridad cultural*. Es causa justa de guerra "someter con las armas, si por otro camino no es posible, a aquellos que por condición natural deben obedecer a otros y renuncian a su imperio".[65] El mismo Sepúlveda se encarga de explicarnos lo que entiende por servidumbre: "torpeza de entendimiento y costumbres inhumanas y bárbaras".[66] El fundamento de esto se encuentra en el Derecho Natural, que en su diversidad de matices se reduce a un solo principio: "lo perfecto debe imperar sobre lo imperfecto".[67] Por ello "será siempre justo que tales gentes se sometan al imperio de príncipes y naciones más cultas y humanas, para que merced a sus

[62] Esta causa de guerra no falta en ninguno de los autores que se han ocupado del problema. Como precedentes más importantes: SAN AGUSTÍN: *Lib. Quest.*, VI, 10; de Agustín pasa a GRACIANO, *Decreto*, Causa XXIII, q. II, c. 2; TOMÁS DE AQUINO: *Summa*, s. s. q. XL; ARIAS DE VALDERAS: *De Bello*; LÓPEZ DE SEGOVIA: *De Bello et bellatoribus*, I, I; VITORIA: *De Iure Belli*, III.

[63] *Dem. Alter*, 286-287; *Democrates*, I, 21 (*Opera*, IV, 245). Contiene los mismos precedentes históricos que el anterior.

[64] *Dem. Alter*, 286-287; *Democrates*, I, 21 (*Opera*, IV, 245). Se refiere también aquí a los sediciosos. Los mismos precedentes que los anteriores.

[65] *Dem. Alter*, 288-289.

[66] *Ibidem*, 290-291.

[67] *Ibidem*, 288-289.

vírtudes y a la prudencia de sus leyes se reduzcan a vida más humana y al culto de la virtud".[68] He reproducido este párrafo porque en él aparece la dimensión ética de la superioridad cultural, en cuanto que su finalidad tiene por objeto no solamente el dominio sobre los inferiores, sino también, mediante ella, conducirlos hacia la virtud, hacia la perfección. Más adelante al tratar concretamente de los indios de América, insistirá Sepúlveda en este problema.[69]

[68] *Ibidem*, 279, y también más adelante al tratar el problema concreto de los indios.

[69] No se encuentran en la tradición escolástica, que yo sepa, precedentes de esta doctrina de la superioridad cultural, aunque sí, en cambio, si la enlazamos con la cuestión de la legitimidad de la guerra a los infieles, de los cuales los bárbaros de que habla Sepúlveda no son más que un caso particular. Pero aun en este aspecto no existía en la doctrina tradicional la unidad de pensamiento que caracteriza otros elementos de la guerra justa, como los ya examinados. A la opinión afirmativa inclinábanse el HOSTIENSE (*Sum. Aurea*, I, 34), GUERRERO (Thes. Chris. relig., XLI, 13), LIGNANO (*Trac. de Bello*, XIII), etc.; a la contraria, INOCENCIO (*Apparatus ad Decretalia*, De voto), COVARRUBIAS, CAYETANO, PALACIOS RUBIOS, MATIAS PAZ y, en general, toda la tendencia de la baja escolástica española, especialmente la Orden Dominicana (hecha salvedad de las distinciones de matiz).

Pero no merece la pena que nos detengamos en esta cuestión, ya que no es aquí donde se inspira Sepúlveda. La fuente de su concepción es preciso buscarla en Aristóteles. En realidad, la justicia de la guerra emprendida contra los pueblos de cultura inferior, si éstos no se someten de buen grado, no es más que la aplicación de aquella noción del Derecho Natural fundado sobre base aristotélica y concebido como la común opinión de los hombres doctos que Sepúlveda expone en el *Democrates Alter*, cuando sostiene que lo perfecto debe imperar sobre lo imperfecto. Y por si esto todavía no fuera bastante para la filiación del pensamiento de nuestro autor, una ojeada a las páginas que dedica a este problema nos demostrará cómo están completamente inspiradas en

el Libro primero de la *Política* de Aristóteles; son poco más que una traducción, que Sepúlveda trata ciertamente de respaldar con principios de filosofía escolástica. Por ello, y aun a trueque de parecer fatigoso, estimo interesante una comparación entre ambos

ARISTÓTELES: *Política*, I, 3. (Traducción de Simón y Abril):

Lo dicho puede referirse de todas las cosas animadas de cualquier naturaleza que sean, teniendo en cuenta que las cosas que carecen de vida también presentan su manera especial de señorío... El animal está compuesto de cuerpo y alma, de los cuales elementos el alma señorea naturalmente, y el cuerpo es el sujeto, debiendo considerar que esto suceda en los que tienen su naturaleza dispuesta conforme al buen concierto natural, y no en los que la tienen estragada. Porque en los perversos o perversamente dispuestos, muchas veces parecía que el cuerpo rige al alma, por estar mal ordenados y fuera de su natural disposición. En el animal, pues, primeramente, como decimos, se echa de ver el señoril gobierno y el civil. Porque el alma sobre el cuerpo tiene mando de señor, y el entendimiento sobre los afectos, de gobernador y rey; en los cuales claramente se muestra ser conforme a naturaleza y utili-

SEPÚLVEDA: *Democrates*, pp. 230-233:

Y así vemos que en las cosas inanimadas, la forma, como más perfecta preside y domina, y la materia obedece a su imperio; y esto todavía es más claro y manifiesto en los animales, donde el alma tiene dominio, y es como señora, y el cuerpo está sometido, y es como siervo. Y del mismo modo en el alma la parte racional es la que impera y preside, y la parte irracional la que obedece y está sometida; *y todo esto por decreto y ley divina y natural*, que manda que lo más perfecto y poderoso domine sobre lo imperfecto y desigual. Esto se ha de entender respecto a aquellas cosas que conservan incorrupta su naturaleza y respeto de los hombres sanos de alma y de cuerpo, porque los viciosos y depravados es cierto que muchas veces domina el cuerpo al alma y el apetito a la razón, pero esto es cosa mala y contra naturaleza. Y así en un solo hombre puede verse el imperio heril que el alma ejerce sobre el cuerpo, la potestad civil y regia que el entendimiento o la razón ejercen sobre el apetito,

21

dad que el cuerpo sea regido por el alma y la parte que es sujeta a los afectos por el entendimiento y por la parte que alcanza el uso de razón.

Pero el querer mandar por igual o al contrario es perjudicial a unos y a otros. Lo mismo se observa en el hombre si se le compara con los demás animales, porque los animales mansos naturalmente son mejores que los fieros, y a los unos y a los otros les es mejor ser regidos por el hombre, porque de esta manera se libran de peligros. Asimismo el macho comparado con la hembra naturalmente es el más principal y ella inferior y él es el que rige y ella la que obedece. Pues de la misma manera se ha de hacer de necesidad entre todos los hombres.

Aquellos que entre sí difieren tanto como el alma del cuerpo o como el hombre de la bestia están dispuestos de la manera referida, y todos aquellos cuya propia obra es el uso corporal... estos tales son naturalmente siervos, para los cuales les conviene más ser gobernados por semejante señorío.

por donde se ve claramente que lo natural y justo es que el alma domine al cuerpo, que la razón presida al apetito, al paso que la igualdad entre las dos o el dominio de la parte inferior no pueda menos de ser perniciosa para todas. A esta ley están sometidos el hombre y los demás animales. Por eso las fieras se amansan y se sujetan al imperio del hombre. Por eso el varón impera sobre la mujer, el hombre adulto sobre el niño, el padre sobre sus hijos, es decir, los más poderosos y más perfectos sobre los más débiles e imperfectos. Esto mismo se verifica entre unos y otros hombres; habiendo unos que por naturaleza son señores, otros que por naturaleza son siervos. Los que exceden a los demás en prudencia e ingenio, aunque no en fuerzas corporales, éstos son por naturaleza los señores; por el contrario, los tardos y perezosos de entendimiento, aunque tengan fuerzas corporales para cumplir todas las obligaciones necesarias, son por naturaleza siervos, y es justo y útil que lo sean, y aun lo vemos *sancionado en la misma ley divina. Porque escrito está en el libro de los Proverbios:* "El que es necio servirá al sabio". Tales son las gentes bárbaras e inhumanas ajenas a la vida civil y a las costumbres pacíficas.

Del examen de estos textos —y lo mismo pueden alegarse otros— se desprende que la tesis de Sepúlveda es exactamente la que Aristóteles mantenía en su *Política;* pero, sin embargo, es preciso destacar algo importante: el interés en respaldar esta doctrina en la ley eterna, divina y natural —ley natural indudablemente entendida en sentido escolástico—; así, cuando habla del imperio de lo perfecto sobre lo imperfecto y así en la servidumbre por naturaleza con la cita de los Proverbios. Más aún: cuando reproduce aquel texto aristotélico de la comparación de la guerra con la caza, y de que ésta no sólo puede dirigirse a las bestias, sino también a los hombres (*Pol.,* I; *Dem.,* 393), pretende igualmente respaldarlo en AGUSTÍN (*Carta a Vicencio*).

Esto no responde a una necesidad de momento; es, por el contrario, la aplicación de una idea fuertemente arraigada en Sepúlveda y frecuente en el Renacimiento, a saber: la compatibilidad de un determinado filósofo con las verdades de la religión. Por ello dice: "No debe buscarse sólo en los cristianos y en los escritos evangélicos, sino también en aquellos filósofos de quienes se juzga que más sabiamente trataron la naturaleza de las costumbres y del gobierno de toda República, y especialmente en Aristóteles, cuyos preceptos, exceptuando muy pocas opiniones referentes a cosas que exceden la capacidad del entendimiento humano, y que el hombre sólo puede conocer por divina revelación, han sido recibidos por la posteridad con la aprobación tan unánime, que no parecen ya palabras de un solo filósofo, sino sentencias y opiniones comunes a todos los sabios" (*Dem. Alter,* 279).

Reparemos en esa identidad entre las palabras de Aristóteles y las opiniones comunes a todos los sabios, lo que puesto en relación con su concepción del Derecho Natural más atrás indicada, tiene como resultado que las opiniones de Aristóteles son como Derecho Natural mismo.

Pero aún es más explícito en otro lugar: "*Aristoteles autem ut arbitrer honorarius a natura datus, tam scienter diremit priorum philosophorum controversias, tamque prudenter statuit de vi rerum naturalium et bene ac beate vivendi ratione, ut ejus dicta, non praecepta philosophi, sed naturae leges atque decreta rectae rationis esse, doctorum fere consensu videantur*". De Con., II, II (*Opera,* IV, 262)

He aquí, pues, la raíz de la peculiar posición de Sepúlveda en relación con el problema americano, y el punto de su separación con la escolástica. Pero no deja de tener interés esa insistencia en

23

respaldar las doctrinas aristotélicas con la autoridad de la filosofía oficial de la Iglesia, es decir, de conciliar dos posiciones antagónicas en lo que a este punto concreto se refiere. Pues si la ley natural está escrita en el corazón de todos los hombres, "aunque sean griegos o escitas", si es conocida directamente por la razón sólo por la calidad de ser humano, es evidente que dentro de esta teoría no puede encuadrarse aquella que divide a los hombres en señores y siervos por naturaleza. La doctrina de Sepúlveda respecto a los indios arrastra dentro de sí esta contradicción.

Pero no sólo en Sepúlveda estaba latente tal disparidad. La admiración hacia Aristóteles por parte de la escolástica hacía que se manifestase igualmente —aunque con otra solución (y prescindiremos aquí de los precedentes medievales del problema, que nos llevarían muy lejos)— esta contradicción aristotélico-cristiana. Así, por ejemplo, Vitoria, a pesar de su doctrina tan favorable al indio, y de su capacidad teológica, no pudo menos, ante la autoridad de Aristóteles, de tratar de hacer compatible su teoría con la de la baja escolástica. En la *Relección de indis* encontramos este párrafo: "Falta responder a los argumentos contrarios donde se argüía que estos bárbaros son siervos por naturaleza, poco capaces de gobernar ni aun a sí mismos. A esto respondo que no es, ciertamente, la mente de Aristóteles, que los que tengan poco ingenio, sean por naturaleza siervos, y no tengan dominio; ésta es la servidumbre civil y legítima que no hace a nadie siervo por naturaleza: ni tampoco quiere decir el filósofo que sea lícito ocupar sus propiedades y reducir a esclavitud y llevar al mercado a los que Natura hizo cortos de ingenio. Lo que quiere enseñar es que hay en ellos una necesidad natural de ser regidos y gobernados por otros, siéndoles muy provechoso el estar a otros sometidos, como los hijos necesitan estar sometidos a los padres y la mujer al marido. Y que ésta sea la intención del filósofo es claro; porque del mismo modo que hay algunos que por naturaleza son señores, a saber: los que abundan en intelecto. Cierto es, sin embargo, que no entiende aquí que estos tales puedan a título de más sabios arrogarse el mando de los otros, sino que facultades han recibido de la naturaleza para mandar y gobernar. Y así, dado que estos bárbaros sean tan ineptos y romos como se dice, no por eso debe negárseles el tener verdadero dominio, ni tenérseles en el número de los siervos civiles" (*De indis*, I, 23; ed. Getino, 309-310). Hay que tener en cuenta que sólo

se refiere en este lugar a los bárbaros de Nueva España, pero entiendo que a su doctrina se le puede dar carácter general.

En este texto se ve claramente el interés fundamental de Vitoria en hacer compatible la doctrina de Aristóteles con la suya propia; no se cree en el deber de dejar pasar una opinión errónea si ésta pretende apoyarse en el filósofo, pero la solución dada al problema es bien diferente de la de Sepúlveda. A fin de esclarecerla estimo pertinente hacer una comparación entre la tesis de ambos autores.

Comienza Vitoria distinguiendo entre la servidumbre en sentido filosófico y en sentido jurídico, distinción que también preocupa a Sepúlveda: "ese nombre de servidumbre significa para los jurisperitos muy distinta cosa que para los filósofos: para los primeros, la servidumbre es una cosa adventicia y nacida de fuerza mayor y del Derecho de gentes, y, a veces, del Derecho Civil, al paso que los filósofos llaman servidumbre a la torpeza de entendimiento y a las costumbres inhumanas y bárbaras" (*Dem. Alter,* 290-291). Hemos visto también cómo, según Vitoria, es bueno para los bárbaros ser regidos y gobernados por otros; ésta es también la opinión de Sepúlveda, apoyada incluso en los mismos ejemplos: "a esta ley —dominio de lo perfecto sobre lo imperfecto— están sometidos el hombre y los demás animales... por eso el varón impera sobre la mujer, el hombre adulto sobre el niño, el padre sobre los hijos; es decir, *perfectiores in deteriores imperium tenent*" (*Dem. Alter,* 292- 293). También coinciden en concebir los señores por naturaleza como los más capacitados intelectualmente. Compárese el texto de Vitoria que hemos reproducido con este de Sepúlveda: "los que exceden a los demás en prudencia e ingenio... ésos son por naturaleza los señores; por el contrario, los tardíos y perezosos de entendimiento... son por naturaleza siervos" (*Ob. cit., loc. cit.*).

Hay, pues, hasta aquí un perfecto acuerdo; pero en el momento, verdaderamente interesante para el problema concreto que se dilucidaba, es decir, si la superioridad había de devenir efectiva o quedar meramente nominal, se separan los caminos: Vitoria abandona la estricta doctrina aristotélica y entiende que es meramente formal; Sepúlveda, en cambio, permanece fiel y afirma su efectividad. Pero late en los dos una misma preocupación surgida por vías diferentes: Vitoria, dominico y teólogo, se ve en la necesidad de respaldar o, al menos, no ver disparidad entre la doctrina cris-

E) *La lucha contra la herejía;* si por Derecho Natural es justa la defensa de los bienes, mucho más lo tiene que ser contra los herejes, que hacen extraordinario daño a la República, ya que la Religión es el más alto de todos los bienes.[70]

2º Legitimidad

Segundo requisito es el de la legitimidad, es decir, que no podrá considerarse como guerra justa la que no sea declarada y dirigida por el poder público; la guerra, pues, no puede ser hecha más que por el príncipe o suprema autoridad de la República, o por medio de sus delegados,[71] a excepción del caso de legítima defensa. Esto se explica por una razón de Derecho interno, ya que sólo el príncipe tiene potestad para movilizar a sus súbditos.[72]

tiana, de la Iglesia con Aristóteles; Sepúlveda, humanista, enamorado de los clásicos y cronista del César, se entrega a Aristóteles, pero no sin procurar respaldarlo en los conceptos de ley eterna, natural y divina, conceptos escolásticos con los cuales pretende dar pase de libre circulación a la doctrina pagana.

Se trata en el fondo nada menos que del problema de las relaciones entre Teología y Filosofía. Sepúlveda no se atreve —ni seguramente pasó por su imaginación— a tratar el problema desde un punto de vista estrictamente filosófico, y se ve en la precisión de acudir a una fundamentación teológica. Sierva de la Teología era la Filosofía para la escolástica, mas en Sepúlveda verifícase aquello que apunta GOTHEIN (*Staat und Gesellschaft des Zeitalters der Gegenreformation,* en *Staat und Gesellschaft der neueren Zeit,* p, 145, Berlín y Leipzig, 1908) para la escolástica en general: que la sirvienta se convertía a menudo en dueña de la casa.

[70] *De Conv.,* I, XXII (*Opera,* IV, 246).

[71]*Dem. Alter,* pp. 278-281; *Democrates,* I, 25 (*Opera,* IV, 248).

[72] *Dem. Alter, loc. cit.* Esta condición de la justicia de la guerra no añade nada nuevo a la doctrina tradicional. Precedentes más importantes: AGUSTÍN (*Contr. Faust.,* XXII, 75); TOMÁS (*Sum.*

3º Probum animum

Las acciones no son nada en sí mismas, lo son en virtud de un fin; sólo mediante sus fines podemos conocerlas y valorarlas. De aquí la importancia que tiene el *probum animum* para la calificación de las guerras como justas o injustas.[73] A este propósito repite Sepúlveda un lugar de San Agustín:[74] "el hacer la guerra no es delito, pero el hacer guerra por causa de botín es pecado; ni el gobernar la República es cosa criminal, pero el gobernar la República para aumentar las riquezas privadas parece cosa digna de condenarse".[75]

4º Modum

El fin de la guerra no es la venganza, sino el bien público; de aquí que sólo se ha de combatir lo necesario para alcanzar este objeto,[76] procurando, por tanto, que "no se haga injuria a los inocentes, ni se maltrate a los

Theol., s. s. q. XL, art. I); CAYETANO (*Com. Sum. Theol.* s. s. q. XL); HOSTIENSE (*Sum, Aurea,* I, 34); ARIAS DE VALDERAS (*De Bello,* 58, 59, 60); Vitoria desenvuelve y amplía brillantemente esta tesis (*De Iure Belli,* 4, 5, 6, 7; ed. Getino, pp. 393-97).

La fundamentación de Sepúlveda no es, sin embargo, muy afortunada y olvida un importante razonamiento que desde Tomás pertenecía al común de las especulaciones sobre este tema, a saber: que el particular no puede declarar la guerra, puesto que por encima de él existe una autoridad encargada de velar por sus derechos, lo que no ocurre en la comunidad internacional, donde el Estado es autárquico a pesar de la autoridad imperial y papal (*loc. cit.*).

[73] *Dem. Alter,* 280-81; *Democrates,* I, 18 (vol. IV, p. 243).

[74] *De verbis Domini et habetur,* 23, q, I (cit. por Sepúlveda).

[75] *Dem. Alter, loc. cit.* Esta condición tiene los mismos precedentes que las anteriores.

[76] *Dem. Alter,* 282-83; *Democrates,* I, 18 (*Opera,* p. 243). Repite una sentencia de SAN AGUSTÍN (*Cont. Manicheos*).

embajadores, a los extranjeros ni a los clérigos, se respeten las cosas sagradas y no se ofenda a los enemigos más de lo justo".[77] Pero no quiere esto decir que el comportamiento de la soldadesca pueda convertir una guerra justa en injusta, sino que para ello es preciso que las irregularidades e injusticias se ejecuten por orden o negligencia del príncipe.[78]

IV
LA CONQUISTA DE AMERICA

Hemos terminado lo que podría caracterizarse como parte general de la teoría de Sepúlveda. Las líneas que siguen están destinadas al problema de su aplicación a las condiciones concretas planteadas por la conquista y colonización de América, o sea aquello que Sepúlveda se propone al principio de su trabajo: "si es justa o injusta la guerra con que los reyes de España y nuestros compatriotas han sometido y procuran someter a su dominación a aquellas gentes bárbaras... y en qué razón de derecho pueden fundarse".[79]

1. *La superioridad cultural*

La primera justificación de la guerra con los indios está constituída por el cumplimiento de la ley natural,

77 *Dem. Alter. loc. cit.* Este requisito no se encuentra indicado de una manera taxativa, y con independencia, en los más importantes tratadistas que precedieron a Sepúlveda: pero sí en cambio en el espíritu de sus especulaciones y comprendido dentro del *probum animum.* Así, AGUSTÍN (*Cont. Faust.,* XXII, 74) TOMÁS (*Sum. Theol., loc. cit.*) CAYETANO (*Sum.* LX. *Bellum*); en cambio VITORIA (*Iure Belli,* 34, *ss.* Getino, p. 118) sí estudia aparte la cuestión *quantum liceat in bello justo,* pero no insertándola de una manera tan sistemática como lo hace Sepúlveda.

78 *Dem. Alter,* 302-305.

79 *Ibidem,* pp. 260-261.

entendida en el sentido aristotélico, ya indicado, de dominio de lo perfecto sobre lo imperfecto, dominio que no tiene como fin la ventaja del vencedor, sino la elevación moral y material del vencido. Los bárbaros tienen, en virtud de esa ley natural, el deber de someterse, y en caso contrario, es justa la guerra emprendida contra ellos.

Para ser rectamente aplicada esta doctrina se exigen, pues, dos condiciones: el estado de barbarie de los indios y la superioridad de los españoles. Ambas son extensamente desarrolladas por Sepúlveda. La raza española ha producido *culturalmente* figuras tan excelsas como Lucano, Silio Itálico, los Sénecas, Averroes, Alfonso el Sabio, etc.; en *"fortaleza y esfuerzo bélico* las legiones españolas han dado en todo tiempo ejemplos que exceden a la credibilidad humana", y prueba de ello son Numancia, Viriato, Sertorio, Gonzalo de Córdoba, las victorias del Emperador en Milán, Nápoles, Túnez, Flandes, Francia, etc.; en cuanto a *templanza* no hay nación que aventaje a España, y "aunque enseñan los filósofos que los hombres belicosos son muy aficionados a los placeres de Venus, todavía los nuestros ni aun en sus propios vicios y pecados suelen ir contra las leyes de la naturaleza"; tampoco en *religiosidad* y *sentimientos humanitarios* hay quien supere a los españoles. A este respecto cita una serie de actos de sus soldados, algunos presenciados por Sepúlveda en el saqueo de Roma.[80]

Frente a estas elevadas virtudes hispánicas traza Sepúlveda, inspirándose probablemente en P. Martyr[81] y Fernández de Oviedo,[82] un cuadro del estado de los indios:

[80] *Ibidem*, pp. 300-309.

[81] PEDRO MARTYR: *De Orbe Novo*, escrito de 1493-1525.

[82] FERNÁNDEZ DE OVIEDO: *Historia general y natural de las Indias, islas y tierra firme del Mar Océano*, 1535, Edic. moderna de AMADOR DE LOS RÍOS. Madrid, 1851.

carecen de cultura y leyes escritas, son antropófagos y cobardes, y se desangran continuamente en luchas intestinas; tomando noticias de las fuentes aludidas y de las *Relaciones de Cortés*,[83] habla de Nueva España que, no obstante ser considerado como el más adelantado de los pueblos de las Indias, confirma también lo anteriormente dicho para los demás pueblos.[84]

Es preciso que detengamos la atención sobre un texto de Sepúlveda que se refiere a este problema: "el tener ciudades y algún modo racional de vivir y alguna especie de comercio es cosa a que la misma necesidad natural induce, y sólo sirve para probar que no son osos ni monos y que no carecen totalmente de razón".[85] Merece la pena citar este párrafo, porque en él se sale al paso a la doctrina de Vitoria, para quien el indio *"habet pro suo modo usum rationis"*, alegando para ello que poseían ciudades, e instituciones como matrimonio, comercio, etc. Y añadiendo, además, "que el que nos parezcan tan idiotas y romos proviene en su mayor parte de la mala y bárbara educación".[86]

2. *La ley natural*

Segunda razón que justifica la guerra emprendida por los españoles es la inobservancia por parte de los indios de la ley natural,[87] puesto que ésta rige no sólo para los

---

[83] H. Cortés: *Cartas de Relación de la conquista de Méjico, 1519-1526*. Edic. moderna, Madrid, Calpe, 1922.

[84] *Dem. Alter.* 308-313.

[85] *Ibidem*, 312-313.

[86] *De Indis recenter inventis*, 23 (Getino, II, 309). Esta Relec. fué pronunciada en 1537-38, y aunque no editada hasta 1557, su doctrina corría en manuscritos.

[87] *Dem. Alter*, 314-315, 348-349.

cristianos, sino también para los paganos.[88] Ahora bien, es preciso distinguir entre el incumplimiento de la ley por parte de los individuos y por parte del Estado; la intervención guerrera es sólo justa en el segundo caso.[89] No hay tampoco que confundir el paganismo o la infidelidad con el incumplimiento de la ley natural. Infidelidad supone adorar al verdadero Dios de una manera natural, es decir, sin conocimiento del Evangelio ni de la fe de Cristo. Contra éstos no es lícita la guerra.[90]

[88] *Ibidem.* Lo fundamental en razones teológicas tomadas de la Escritura —recuérdese a este respecto lo dicho en el capítulo destinado al Derecho Natural sobre la vigencia de la ley antigua— y repite en este asunto los lugares tan conocidos y manejados entonces, como la destrucción de Sodoma y Gomorra, Cananeos, Fereceos, etc., entendiendo que "si antes de la llegada de Cristo se observaban estos preceptos acerca del culto de Dios y del desprecio a los ídolos, ¿cuánto más no deberá observarse después de la venida de Cristo, puesto que Él nos ha exhortado no solamente con palabras, sino con obras? Por consiguiente, si diferimos de castigar estos crímenes de los cuales Dios tanto se ofende, provocamos la paciencia de la Divinidad" (*Ibidem,* 220-21).

[89] "... pero si hubiese una gente tan bárbara e inhumana, que no contase entre las cosas torpes todos o alguno de los crímenes que he enumerado y no los castigase en sus leyes y en sus costumbres, o impusiese penas levísimas a los más graves y especialmente a aquellos que la naturaleza detesta más, de esa nación se diría con toda justicia y propiedad que no observa la ley natural, y podrían con pleno derecho los cristianos, si rehusaba someterse a su imperio, destruirla por sus nefandos delitos y barbarie e inhumanidad, y sería un gran bien que aquellos hombres, pésimos, bárbaros e impíos obedeciesen a los buenos, a los humanos y a los observadores de la verdadera religión, y mediante sus leyes, advertencia y trato se redujesen a humanidad y piedad, lo cual sería grandísima ventaja de la caridad cristiana" (*Ibidem,* 224-225).

[90] *Ibidem,* 218-21.

Nuevamente aparece con esto la justificación ética de la conquista, no como un derecho, sino como deber de caridad hacia los semejantes: "apartar a los paganos de crímenes e inhumanas torpezas, y de la idolatría y de toda impiedad, y traerlos a las buenas y humanas costumbres y a la verdadera religión... que quiere salvar a los hombres y traerlos al conocimiento de la verdad".[91]

Vitoria se manifiesta contrario a este título, que incluye entre los ilegítimos.[92]

3. Los sacrificios de los inocentes

La ley divina y natural obliga a defender al prójimo de los daños que le sean hechos,[93] y el no hacerlo es tan gran crimen como de ser autor de la ofensa.[94] En consecuencia, es justa la guerra emprendida contra los indios, ya que éstos cometen sacrificios de inocentes, que serán libertados mediante ella. También aquí aparece la conquista como un deber de cristianos, y para ventaja de los indios, ya que, "sometidos así los infelices, habrán de abstenerse de sus nefandos crímenes, y con el trato de los cristianos y con sus justas, pías y necesarias advertencias volverán a la sanidad de espíritu y a la probidad de las costumbres, y recibirán gustosos la verdadera religión con inmenso beneficio suyo que los llevará a la salvación eterna".[95]

También Vitoria, y por parecidas razones, entiende que constituye ésta una causa justa de guerra, y la incluye como el penúltimo de los títulos legítimos.[96]

91 *Ibidem, loc. cit.*
92 *Priori Indis*, II, 16 (edic. Getino, II, pp. 318 *ss.*)
93 *Dem. Alter*, pp. 328-331 y 348-349.
94 *Ibidem*, 330-331.
95 *Ibidem*.
96 *Rec. Indis Prior*, III. 15 (ed. Getino, pp. 374-375).

4. *La predicación religiosa*

"Así como estamos obligados a mostrar el camino a los hombres errantes, así la ley de la naturaleza y de la caridad humana nos obliga a traer los paganos al conocimiento de la verdadera religión." [97]

Es preciso hacer notar que, para Sepúlveda, religión cristiana y personalidad significan una misma cosa. Es decir, que sólo dentro del cristianismo pueden los indios adquirir y desenvolver su personalidad: "y como no podemos dudar que todos los que andan vagando fuera de la religión cristiana caminan infaliblemente al precipicio, no hemos de dudar en apartarlos de él por cualquier medio y aun contra su voluntad, y de no hacerlo no cumpliremos la ley de la naturaleza ni el precepto de Cristo, que nos manda hacer con los demás hombres lo que quisiéramos que hiciesen con nosotros". [98]

La predicación religiosa está, pues, concebida como un deber de humanidad, pero como quiera que a nadie se le puede imponer un deber sin darle al mismo tiempo los medios para cumplirlo, [99] de aquí que los españoles tengan este medio, "y como no parece que pueda hacerse de otro modo que sometiéndolos a nuestro dominio", [100] se deduce de ello el derecho de conquista sobre los bárbaros.

Lo que no implica, por otra parte, que se les bautice por la fuerza, ya que el bautismo es cosa de voluntad, y ésta no puede ser forzada, pero sí que mediante la do-

[97] *Dem. Alter*, 334-335.

[98] *Ibidem, loc. cit.*

[99] *Dem. Alter*, 336-337: "porque el que pide algún fin en justicia, pide con el mismo derecho todas las cosas que pertenecen a aquel fin".

[100] *Dem. Alter*, 336-337.

minación se les enseñe el recto camino por las predica-
ciones evangélicas.[101]

Sepúlveda refuerza su idea por medio de una serie
de ejemplos de predicadores asesinados y templos pro-
fanados y destruídos, incluso estando instaladas allí tropas
españolas, preguntándose: "¿qué nos sucedería si enviá-
semos predicadores a instruir a aquellos bárbaros a quienes ningún temor de nuestros ejércitos pudiera contener
en sus desmanes impíos?"[102] De aquí que no sólo se les
deba predicar, sino además amenazarlos y aterrorizarlos
"de modo que no sólo la verdad ahuyente las tinieblas
del error, sino que también la fuerza del temor rompa los
vínculos de las malas costumbres".[103]

Este derecho de anunciar la fe constituyó también
uno de los títulos legítimos aceptados por los teólogos. Así, Vitoria, apoyándose en razones parecidas a
las de Sepúlveda, lo interpreta igualmente, no como
un derecho de los españoles, sino como un deber. Los
españoles tienen el deber de ocupar América, "mucho
más tratándose de lo que mira a la salvación y a la felicidad que de lo que mira a cualquier otra humana dis-
ciplina... porque de otro modo estarían [condenados a
encontrarse siempre] fuera del estado de salvación, si no
fuera lícito a los cristianos irles a anunciar el Evangelio.
En cuarto lugar, porque la corrección fraterna es de
Derecho Natural, como el amor; y pues como no sólo
están en pecado, sino también fuera del estado de salvación, compete a los cristianos corregirlos y dirigirlos,
y aun más, parece que hasta están obligados a ello...
porque son prójimos... pero a todos y a cada uno en-

[101] *Ibidem*, 334-337.
[102] *Ibidem*, 342-343.
[103] *Ibidem*, loc. cit.

cargó Dios el velar por su prójimo".[104] Vemos, pues, que en esencia coincide con Sepúlveda en cuanto a este título de conquista, ya que cuando se impone un deber son necesarios medios para cumplirlo. No obtante, existe una diferencia fundamental, pues para Sepúlveda la dominación podría ser condición previa para la predicación, en tanto que para los teólogos de la dirección de Vitoria debería ser una consecuencia de la violación por parte de los indios de este derecho de los cristianos a anunciar su fe.[105]

TÍTULOS ESTRICTAMENTE ESPAÑOLES

Los anteriores títulos, si se hace excepción del de la superioridad cultural que Sepúlveda encarna concretamente en los españoles, daban derecho igualmente a cualquier país cristiano. La exclusividad de España sobre las nuevas tierras descubiertas se resuelve gracias a dos nuevos títulos: la Bula papal y el derecho de primer ocupante.

La Bula.[106] No sólo en el *Democrates Alter,*[107] sino también, y con más extensión, trata Sepúlveda de este título en *De Rebus Hispanorum gentis ad Novum Orbem Mexicumque.* Según nuestro autor, la Bula del Papa se

[104] *Pri. De Indis,* III, 9 (GETINO, 368-369).

[105] Sobre esto confr. ZAVALA: *Las instituciones jurídicas en la conquista· de América,* 1935, cap. v, pp. 57 *ss.*

[106] Se trata de las Bulas de 4 de mayo y 25 de septiembre de 1493. Sobre precedentes históricos: NYS: *Études de Droit International et de Droit Politique,* Bruxelles, 1896, pp. 202 *ss.* Para su fundamentación política: GIERKE: *Les théories politiques au Moyen Age,* París, 1914, y CARLYLE: *A History of Mediaeval Political Theory in the West,* 1918-30. Edic. moderna y crítica de las Bulas: *Bibliotheca Hispana Missionum,* I, Barcelona, 1930 (con un estudio del P. Larequi).

[107] Páginas 346 *ss.*

refiere principalmente a lo eclesiástico, pero principalmente no quiere decir exclusivamente, sino que ha de referirse también a lo político, ya que este poder es a menudo necesario para el éxito del primero. Estudia los fundamentos de Derecho divino y positivo de esta potestad papal.[108]

Tal problema fué uno de los que más apasionaron a los tratadistas de entonces, y si bien ninguno negaba el derecho del Pontífice a ceder aquellos territorios a los españoles, sí se discutía, en cambio, el alcance de esta cesión, repitiéndose con este motivo las dos tendencias medievales: *sed ratione domini* y *sed ratione peccati*.

A la primera, como acabamos de ver, perteneció Sepúlveda; en igual sentido Gregorio López[109] y Palacios Rubios;[110] a la segunda, Vitoria,[111] Soto,[112] etc.[113] Vitoria, sin embargo, piensa, en concordancia con Sepúlveda,

[108] Libro I, 12 (*Opera*, IV, II)

[109] *Glosa a la ley* 2 tít. xxIII, Part. II. Véase RIAZA (R.): *Gregorio López, primer impugnador de Vitoria* (en *An. As. Francisco Vitoria*, tomo III, pp. 105-123). Madrid, 1932.

[110] *Libellus de Insuli Oceani, Ms. Bibl. Nac.* 17641 cap. v, conf. BULLÓN (E.): *El problema jurídico de la dominación española en América antes de las Relecciones de Francisco de Vitoria* (En *An. As. Francisco Vitoria*, t. IV, pp. 99-128). Madrid, 1933. Sobre Matías Paz, véase este mismo trabajo. Para la opinión de P. Rubios sobre el poder papal véase BULLÓN (E.): *Un colaborador de los Reyes Católicos. El Dr. Palacios Rubios y sus obras*, Madrid, 1927.

[111] *Relectio prior de Indis*, II, 3 *ss.* (ed. Getino, pp. 325 *ss.*) V. el t. I del *An. As. Francisco Vitoria, Madrid*, 1929.

[112] *Iust. et Iure*. Libro IV, q. 4, *art,* I. Véase CARRO: *Los colaboradores de Francisco de Vitoria, Domingo de Soto y el Derecho de Gentes*. Madrid, 1930.

[113] Una amplia lista de tratadistas con su posición ante este problema —aunque no siempre exacta— en SOLÓRZANO PEREIRA: *Política Indiana*, libro I, cap. x, p. 98 de la edición C. I. A. P. Madrid, 1930.

que el Pontífice tiene derecho a otorgar a España la exclusividad de la predicación y propagación de la fe, y, en consecuencia, el dominio temporal en cuanto sea necesario para este objeto.[114]

El derecho de primer ocupante no le merece atención especial, limitándose a enunciarlo.

V

PROBLEMAS JURIDICOS DE LA COLONIZACION

1. *La condición jurídica del indio*

Llegamos ahora a uno de los momentos más interesantes de las teorías de Sepúlveda: el de la condición jurídica del indio, es decir, el problema que ha convertido a nuestro autor en blanco de los mayores ataques.

Se extiende para este objeto en problemas generales de la esclavitud, distinguiendo una vez más entre siervos por naturaleza y siervos por la ley; existen siervos por nacimiento que disfrutan de libertad civil, poseen propiedades y servidores, alguno de los cuales debería por Derecho Natural imperar sobre ellos; pero, con todo, la servidumbre por naturaleza no puede ser causa suficiente de esclavitud, ni tampoco la idiotez o idolatría.[115] La esclavitud no se basa, pues, en esto, sino en una norma de Derecho Natural y de Gentes, a saber: "que las personas y los bienes de los que hayan sido vencidos en justa guerra pasan a poder de los vencedores".[116]

Al llegar a este punto se cree Sepúlveda obligado a salvar la objeción de que por Derecho Natural todos

---

[114] *Prior Indis,* II, 10 (ed. Getino, II, pp. 366-67)
[115] *Dem. Alter,* 352-353.
[116] *Ob. cit. loc. cit.*

los hombres son libres, interpretando la concurrencia de ambas normas como una colisión de leyes naturales,[117] en cuyo caso se ha de elegir aquella que tenga menores inconvenientes, lo cual "ha de decidirlo la discreta piedad y el recto juicio de la razón".[118] La bondad de la reducción a la esclavitud radica en que, gracias a la codicia, los vencedores prefieren hacer esclavos a sus enemigos en vez de matarlos, apareciendo así la servidumbre como algo necesario para la defensa y conservación de la sociedad humana;[119] por esta misma razón tampoco pueden los vencidos conservar bienes.[120] A toda esta argumentación se une, además, la de que lo imperfecto debe obedecer a lo perfecto.[121]

Respecto al caso particular de los indios de América hace Sepúlveda estas distinciones:

A) *Los que resistieron denodadamente a los españoles.* En este caso su situación está determinada por la voluntad del vencedor, que puede reducirlos a esclavitud. Así lo demuestran una serie de textos bíblicos.[122]

B) *Los que se entregaron o resistieron de buena fe a los españoles.* En este caso "no es lícito hacerlos esclavos, sino solamente tenerlos como estipendiarios y tributarios, según su naturaleza y condición".[123] Por las falsas interpretaciones que sobre este punto existen en torno a la doctrina de Sepúlveda creo interesante reproducir ínte-

---

[117] *Dem. Alter,* 254-255, "puede haber alguna ocasión en que de dos leyes justísimas y naturales obligue la misma naturaleza a prescindir de una y a observar la otra".

[118] *Dem. Alter,* 356-57.

[119] *Ibidem,* 356-57.

[120] *Ibidem,* 356-57.

[121] *Ibidem.*

[122] *Ibidem.*

[123] *Ibidem,* 360-61.

gramente un párrafo donde trata de esta cuestión: "es obligación de un príncipe bueno y religioso tener cuenta, en los rendidos, con la justicia, en los vencidos, con la humanidad, y no consentir crueldades ni contra unos ni contra otros, considerando también que así como los españoles, si llevaban buen propósito, tenían justa y piadosa causa para hacer la guerra, así también ellos tuvieron causa probable para rechazar la fuerza con la fuerza, no habiendo conocido todavía la justicia y la verdad, que no podía ser conocida en pocos días ni por la sola afirmación de los cristianos, que sólo después de largo tiempo y por las obras mismas podía hacerse manifiesta; y así ni ha de culparse a los españoles, porque llevando tan honrosa empresa les concediesen tiempo breve para deliberar, sin perder el tiempo en inútiles dilaciones, ni tampoco se ha de acusar a los bárbaros porque juzgasen cosa dura hacer tal mutación en su modo de vivir, sólo porque se lo dijesen hombres ignorados y extraños".[124] Vitoria y toda la escolástica antecedente admite también, fundada en las mismas razones, la esclavitud por guerra.[125] Por lo demás, el párrafo recién transcrito se aproxima mucho a la tesis que mantiene Vitoria a lo largo de la *Relección de Indis*.

2. El régimen del indio

Al problema del gobierno del indio dedica Sepúlveda las tres últimas páginas de su *Dem. Alter*, postulando "un

[124] *Ibidem*, 360-61. Sin embargo, la interpretación de este interesante párrafo no puede ser perfecta hasta que se conozca la historia de la propagación del manuscrito del *Dem. Alter*, pues es posible que sea una interpolación posterior.

[125] *Prior Indis*, III, 8 (ed. Getino, II, 366-67).

imperio justo, clemente y humano, según la naturaleza y condición de ellos".[126]

Ahora bien, no es la justicia conmutativa, sino la distributiva la aplicable en este caso, y teniendo en cuenta que la varia condición de los hombres produce diversas especies de imperio, propugna para los bárbaros una mezcla de imperio heril y paternal,[127] mediante el cual vayan adquiriendo los sometidos las elementales condiciones para vivir en libertad.

Este régimen cristaliza para Sepúlveda en aquello que en la organización político-administrativa de América colonial se llamó encomienda: "repartir algunos de ellos por las ciudades o por los campos a españoles honrados, justos y prudentes, especialmente a aquellos que los han sometido a nuestra dominación, para que los eduquen en costumbres rectas y humanas, y procuren iniciarlos e imbuirlos en la religión cristiana, la cual no se transmite por la fuerza, sino por los ejemplos y la persuasión, y en justo premio de esto se ayuden del trabajo de los indios para todos los usos así necesarios como liberales de la vida". Pero bien entendido que el gobierno de los indígenas ha de estar siempre dirigido por la justicia y el bien de los sometidos.

Nuevamente encontramos aquí una coincidencia con Vitoria, aunque con cierta reserva por parte de éste.[128]

---

[126] *Dem. Alter*, 368-69.

[127] *Ibidem*, 364-65.

[128] *Ob. cit.*, III, 18: "no me atrevo a darlo por bueno —al título— ni a condenarlo en absoluto" (ed. Getino, p. 378), "pero esto sea dicho sin afirmación alguna, y también con aquella salvedad de que se haga por el bien y utilidad de ellos, y no solamente por el provecho de los españoles. Que en eso está todo el peligro de las almas y de la salvación" (*Ibid.*, p. 379).

Según Vitoria: "estos bárbaros, aunque como queda dicho no sean del todo amentes, distan, sin embargo, muy poco de los amentes, y, por tanto, parece que no son aptos para formar o administrar una república legítima, aun dentro de los términos humanos y civiles", y de aquí "que para utilidad de ellos pueden los reyes de España tomar a su cargo la administración de aquellos bárbaros, y nombrar prefectos para sus ciudades, y gobernadores, y aun darles también nuevos señores si constara que esto era conveniente para ellos", mediante los cuales los indios "pueden entregarse al gobierno de más inteligentes personas". Esta concepción, como de costumbre, "puede fundarse en el precepto de la caridad, puesto que ellos son nuestros prójimos, y estamos obligados a procurarles el bien".

NOTA FINAL

Hemos examinado las doctrinas de Sepúlveda en aquellos problemas fundamentales para la justificación de la conquista de América por los españoles, y verificado, al mismo tiempo, una comparación con el más genuino representante de la baja escolástica española en estas cuestiones: Francisco Vitoria.

De ella se desprenden una serie de puntos de contacto, a veces fundamentales, entre ambos tratadistas; tales son casi todos los referentes a la guerra justa y la mayoría de los que tocan al problema concreto de América.

Se ha puesto de manifiesto, por otra parte, cómo toda la tesis de Sepúlveda está impregnada de un sentido religioso, y dentro de la tendencia escolástico-cristiana, que concebía la dominación como una obra religiosa, y por ser religioso-cristiana, de caridad hacia el prójimo. Mas, al lado de esto, y en tremenda contradicción, encontramos en Sepúlveda el razonamiento de la superio-

ridad natural de los españoles, y el deber de sumisión por parte de los indios. Ciertamente que contradicciones de tipo parecido se encuentran también en la baja escolástica, ya que es fundamentalmente el problema de la contradicción aristotélico-cristiana que venía arrastrando la filosofía medieval, y que Saitta ha expresado con estas palabras, que tanto iluminan la tesis de nuestro autor: "Aristóteles quiere llevar el hombre a la naturaleza, la escolástica al cielo; el uno trabaja por el Estado, la otra por la Iglesia." [129]

MANUEL GARCÍA-PELAYO

[129] SAITTA: *La Scolastica del secolo xvi e la política dei iesuiti* Turín, 1911.

42

Ad Illustrissimum virum Ludovicum Mendozam, Tendillæ Comitem et Mondejaris Marchionem, Genesii Sepulvedæ in «Dialogum de justis belli causis.»

PRÆFATIO

Iusto bello Reges Hispaniæ nostrique homines, an injuria, barbaras illas gentes, quas occiduam australemque plagam incolentes, Indos hispana consuetudo vocat, in ditionem redegerint, redigendasque curent; et quæ sit justa ratio his mortalibus imperandi, magna quæstio est, ut nosti, clarissime Marchio, et in cujus discrimine grandia rerum momenta versantur. Pertinet enim ad magnorum religiosorumque principum famam et justitiam, plurimarumque gentium administrationem attingit, ut non immerito his de rebus magna contentione tum privatim inter viros doctos disputatum fuerit, tum publice disceptatum in gravissimo concilio regio ad illarum nationum regionumque gobernationem instituto; cui te Carolus Cæsar rex noster et idem Romanorum Imperator pro alta tua mente et sapientia præesse voluit, et moderari. In tanta igitur eruditissimorum et gravissimorum virorum de rebus maximis dissensione, cum quædam mihi his de rebus commentanti in mentem venissent, quibus controversia dirimi posse videretur, non existimavi in publico negotio tam multis occupatis mihi esse cessandum, aut loquentibus tacendum; præsertim cum essem a magnis magnaque auctoritate viris admonitus, ut

Al ilustrísimo varón D. Luis de Mendoza, Conde de Tendilla y Marqués de Mondéjar.

PREFACIO

Si es justa ó injusta la guerra con que los Reyes de España y nuestros compatriotas han sometido y procuran someter á su dominación aquellas gentes bárbaras que habitan las tierras occidentales y australes, y á quienes la lengua española comúnmente llama indios: y en qué razón de derecho puede fundarse el imperio sobre estas gentes, es gran cuestión, como sabes (Marqués ilustre), y en cuya resolución se aventuran cosas de mucho momento, cuales son la fama y justicia de tan grandes y religiosos Príncipes y la administración de innumerables gentes. No es de admirar, pues, que sobre estas materias se haya suscitado tan gran contienda, ya privadamente entre varones doctos, ya en pública disputa ante el gravísimo Consejo Real establecido para la gobernación de aquellos pueblos y regiones; Consejo que tú presides y gobiernas por designación del César Carlos, nuestro Rey y al mismo tiempo Emperador de romanos, que quiso premiar así tu sabiduría y raro entendimiento. En tanta discordia, pues, de pareceres entre los varones más prudentes y eruditos, meditando yo sobre el caso, hubieron de venirme á las mientes ciertos principios que pueden, á mi juicio, dirimir la controversia, y estimé que cuando tanto se ocupaban en este negocio público, no estaba bien que yo me abstuviera de tratarle, ni que yo solo continuase callado mientras los demás hablaban; especialmente cuando personas de grande autoridad me con-

scripto quid mihi judicii esset exponerem, ut meam sententiam, quam a me paucis verbis antedicta, probare vide-
bantur, declararem. Itaque libenter feci, ut more Socratico,
quem noster Hieronymus et Augustinus multis in locis te-
nuerunt, quæstionem in dialogo persequerer, et justas
suscipiendi causas in universum, rectamque belli gerendi
rationem complecterer, et alias quæstiunculas nec pro-
posito alienas, et ad cognoscendum perutiles obiter expli-
carem. Quem libellum ad te mitto, pignus et testimonium
meæ in te propensissimæ voluntatis et observantiæ; quem
propter excellentes tuas in omni genere virtutes, et singu-
larem humanitatem jam pridem studiose veneror et observo.
Sumes igitur munusculum, exiguum illud quidem, a magno
tamen studio et singulari benevolentia profectum; et
quod magis ad rem pertinet, tuis rationibus officio et instituto in primis accommodatum. Nam cum in publicis am-
plisque muneribus, jam diu, togæ, militiæque, voluntate
ac jussu Caroli Cæsaris cui tua fides et utrique tempori
convenientes virtutes perspectæ sunt, cum tua magna laude
fungaris; tibi in iis administrandis nihil potius esse solet,
ut constans est hominum opinio, justitia et religione, quibus
summa virtutum omnium continetur. Nam cum has co-
lere nemo possit, qui injustum imperium in gentem aliquam gerat, aut principis gerentis sit quoquo modo præfectus, et administer, non dubito quin gratus tibi futurus
sit libellus, quo justitia imperii et administrationis tibi
commisæ hactenus in ambiguo et obscuro sita, certissimis
et apertissimis rationibus confirmatur et declaratur. Expli-
canturque multa quæ a magnis Philosophis et Theologis,
simul naturæ et communibus legibus, simul christianis
institutis convenienter tradita, justam et commodam impe-

vidaban á que expusiese mi parecer por escrito, y acabase de declarar esta sentencia mía á la cual ellos habían parecido inclinarse cuando me la oyeron indicar en pocas palabras. Gustoso lo hice, y siguiendo el método socrático que en muchos lugares imitaron San Jerónimo y San Agustín, puse la cuestión en diálogo, comprendiendo en él las justas causas de la guerra en general y el recto modo de hacerla, y otras cuestiones no ajenas de mi propósito y muy dignas de ser conocidas. Este libro es el que te envío como prenda y testimonio de mi rendida voluntad y de la reverencia que de tiempo atrás tengo á tu persona, así por tus excelentes virtudes en todo género, como por tu condición humana y bondadosa. Recibirás, pues, este presente, exiguo en verdad, pero nacido de singular afición y buena voluntad hacia ti, y lo que importa más, acomodado en su materia al oficio é instituto que tú desempeñas. Porque habiéndote ejercitado tú por el tiempo ya largo, y con universal aplauso, en públicos y honrosos cargos, ya de la toga, ya de la milicia, por voluntad y orden del César Carlos que tan conocidas tiene tu fidelidad y las condiciones que te adornan así para tiempo de paz como para trances de guerra, es opinión de todo el mundo que en tu administración á nada has atendido tanto como á la justicia y á la religión, en las cuales se contiene la suma de todas las virtudes. Y como no puede preciarse de poseerlas quien ejerza imperio injusto sobre ninguna clase de gentes, ni quien sea en algún modo prefecto y ministro del príncipe que la ejerza, no dudo que ha de serte grato este libro, en que con sólidas y evidentísimas razones se confirma y declara la justicia de nuestro imperio y de la administración confiada á ti: materia hasta ahora ambigua y obscura; y se explican muchas cosas que los grandes filósofos y teólogos han enseñado sobre el justo y recto

47

randi rationem attingunt. Sed quoniam mihi in altero Dialogo, qui inscribitur *Democrates primus,* ad convincendos hæreticos bellum omne tamquam lege divina prohibitum damnantes jam pridem edito, quædam ad hanc quæstionem pertinentia dicta sunt ab his quos Romæ disputantes induxeram; non alienum fore putavi, eosdem apud nos in hortis ad Pisoracæ ripam his de rebus disserentes facere, qui nonnullis sententiis necessario repetitis, finem imponerent institutæ de honestate belli disputationi. Quorum Leopoldus Germanus nonnihil morbo patrio referens de lutheranis erroribus sermonem in hunc modum exorditur.

ejercicio de la soberanía, fundándose ya en el derecho natural y común a todos, ya en los dogmas cristianos. Y como yo en otro diálogo que se titula *Demócrates I*, que escribí y publiqué para convencer a los herejes de nuestro tiempo que condenan toda guerra como prohibida por ley divina, dije algunas cosas tocantes á esta cuestión, poniéndolas en boca de los interlocutores que presenté disputando en Roma, me ha parecido conveniente hacer disertar á los mismos personajes en mi huerto, orillas del Pisuerga, para que repitiendo necesariamente algunas sentencias, pongan término y corona á la controversia que hemos emprendido sobre el derecho de guerra. Uno de estos interlocutores, el alemán Leopoldo, contagiado un tanto de los errores luteranos, comienza á hablar de esta manera:

PERSONÆ

DEMOCRATES, LEOPOLDUS

L.—Bellum geri, Democrates, præsertim a christianis iterum dicam, et sæpius nulla mihi ratione placet. Qua de re memini jam pridem longam nobis Romæ fuisse trium dierum disputationem in Vaticano.

D.—Tibi ergo vitam hominum a magnis molestiis et incommodis magnis denique et variis calamitatibus liberam esse placet. Atque utinam Deus optimus maximus eam mentem regibus omnibus et cujusque reipubl. principibus tribueret, ut suis quisque rebus contentus esset, nec alienam per avaritiam armatus invaderet; neve gloriam aut famam ex aliorum jactura per sævam et impiam ambitionem quæreret. Quorum utrumque malum multos principes transversos egit; et in mutuam populorum perniciem, et insignes humani generis jacturas armavit, spreto otio contemptaque pace, qua qui carent populi, hi mihi maximæ felicitatis quæ in civitates cadere potest, parte carere videntur. Quas civitates tum demum felices ac beatas esse dicimus, cum otio fruentes, vitam cum virtute degunt. Nec enim arbitror tenue aut leve, sed maximum bonum petimus cum angelica voce in sacrificiis oramus: *Gloria in excelsis Deo et in terra pax hominibus.*[1]

L.—Plena est talibus testimoniis Scriptura sacra. Quid enim aliud Christus Apostolos intrantes domos precari

---

[1] Luc. 2.

PERSONAS

DEMÓCRATES, LEOPOLDO

L.—Una y mil veces te diré, oh Demócrates, que no hay razón que baste á convencerme de que sea lícita la guerra, y mucho menos entre cristianos. Ya te acordarás que sobre esto tuvimos en Roma, en el Vaticano, una larga disputa de tres días.

D.—Es decir, que tú quisieras que la vida humana estuviese libre de tantas y tan varias y molestas calamidades como las que la afligen. Y ojalá que Dios inspirase ese mismo pensamiento á todos los reyes y á los príncipes de cualquier república para que todo el mundo estuviese contento con lo suyo, y no le moviese la avaricia á invadir á mano armada lo ajeno, ni con ambición impía y cruel pretendiera cimentar su gloria y fama en la destrucción de los demás. Uno y otro vicio, arrastró por camino extraviado á muchos príncipes, y los armó unos contra otros para ruina de muchos pueblos y gran menoscabo del linaje humano, despreciando la paz que es la felicidad más grande que puede caer sobre una ciudad, así como el carecer de ella es la mayor desdicha. Sólo podemos llamar dichosas y prósperas aquellas ciudades que viven virtuosa vida en el seno de la paz. Y no creo que pedimos cosa liviana ó de poco precio, sino el bien más grande de todos, cuando exclamamos en el divino sacrificio con la voz de los ángeles: Gloria á Dios en las alturas y paz en la tierra á los hombres.

L.—Llena está de tales testimonios la Sagrada Escritura. ¿Qué otra felicidad mandó pedir Cristo á sus após-

jussit quam felicitatem, præscriptis illis verbis: *Pax huic domui;* [2] aut illa: *Dabo pacem in finibus vestris, Inquire pacem et persequere eam;* [3] quid aliud quam in pace summum bonum esse declarant? Hæc cum ita sint, video tamen atque equidem miror reges quosdam christianos ab armis nunquam discedere, et bellum tam continenter gerere, ut bellis ipsis atque discordiis delectari videantur.

D.—Magni refert, bella quisque justis, aut etiam necessariis ex causis suscepta non segni et demisso, sed præsenti animo et erecto gerat; et pericula, cum officium poscit, subeat non invitus. An bellis ipsis ex quavis causa quæsitis delectetur, illud enim viri magni est, et virtute præstantis, cujus virtutis ingeneratæ et adultæ signum esse docent philosophi, usu ejus delectari.[4] Hoc autem turbulenti hominis, nec a pietate christiana solum, sed etiam ab humanitate multum abhorrentis, quique, ut Homerus [5] ait, et refert Aristoteles,[6] *jure, tribuque, domoque caret.* Bellum enim numquam per se expetendum est, non magis quam fames, paupertas, aut dolor, aut cætera id genus mala. Sed ut hæ calamitates quæ incommodum afferunt, non turpitudinem, magni cujuspiam boni gratia recte pieque interdum ab optimis et religiosis subeuntur; sic bellum optimi principes magnorum commodorum gratia, et quandoque necessario, suscipere coguntur. Nam bellum bonis viris ita gerendum esse sapientes existimant, ut bellum nihil aliud quam pax quæsita esse videatur.[7] Ad summam, bellum nunquam est nisi cunctanter et gravate, et justissimis ex causis suscipiendum. Bellum, inquit Augustinus, necessitatis esse debet,

2 Math. 10.—Luc. 10.
3 Levit. 26. Psal. 33.
4 Ethic. 2.
5 Iliad. 9.
6 Polit. 1.
7 Eth. 10.—Aug. cont. Faust. 1. 22.

toles cuando entrasen en alguna casa, sino la que indican aquellas palabras: la paz sea en esta casa; ó aquellas otras: daré paz en vuestros confines: busca la paz y persíguela; ¿qué declaran todos estos lugares sino que la paz es el bien supremo? Siendo esto así, no puedo menos de admirarme de que algunos reyes cristianos no dejen nunca las armas, y hagan tan de continuo y tan empeñadamente la guerra, que parece que la misma discordia los deleita.

D.—Antes es muy necesario que quien emprende guerra por causas justas y necesarias, no la haga con ánimo abatido y remiso, sino con presencia y fortaleza de ánimo, y no dude en arrojarse á los peligros cuando su deber lo pida. Y aun el deleitarse con la guerra misma, sea cual fuere su causa, es indicio de ánimo varonil y esforzado, y prenda de valor ingénito y adulto, según enseñan grandes filósofos. Lo que es propio de hombres turbulentos y no solamente ajenos á la piedad cristiana, sino también al sentimiento de humanidad, es, como dice Homero y repite Aristóteles, el carecer de derecho, de tribu y de casa. La guerra nunca se ha de apetecer por sí misma, como no se apetece el hambre, la pobreza, el dolor, ni otro ningún género de males, por más que estas calamidades y molestias que nada tienen de deshonroso, hayan de ser toleradas muchas veces con ánimo recto y pío por los hombres más excelentes y religiosos, con la esperanza de algún bien muy grande. Por tal esperanza, y en otros casos por necesidad, se ven obligados los mejores príncipes á hacer la guerra, de la cual dicen los sabios que ha de hacerse de tal suerte que no parezca sino un medio para buscar la paz. En suma, la guerra nunca debe emprenderse, sino después de madura deliberación, y por causas justísimas. La guerra, dice San Agustín, debe ser de necesidad, para que de tal necesidad nos libre Dios y

ut liberet Deus a necessitate et conservet in pace; [8] non enim pax quæritur ut bellum exerceatur, sed bellum geritur ut pax adquiratur.

L.—Est, ut ais, Democrates; ego tamen aut nullas esse justas belli suscipiendi causas, aut quam rarissimas existimo.

D.—Ego vero et multas et frequentes. Non enim vel probitas hominum vel religionis pietas justas affert, aut facit causas belli suscipiendi, sed hominum scelera et nefariæ cupiditates quibus plena est hominum vita, et continenter exagitatur. Est tamen optimi et humani principis nihil temere, nihil cupide agere, omnes pacis vias exquirere, nihil inexpertum relinquere si qua ratione possit citra bellum injustorum et importunorum hominum injurias repellere, ac populorum suæ fidei commissorum saluti ac commodis prospicere officioque suo satisfacere; hoc enim virtus, hoc religio, hoc humanitas poscit. Sed si omnia expertus nihil profecerit, et suam æquitatem et moderationem injustorum hominum superbia et improbitate superari viderit, sumptis armis, nihil est quod metuat ne temere bellum aut injuste gerere videatur.

L.—An non justius, et magis ex pietate christiana faceret si malorum improbitati cederet, et injurias æquo animo pateretur, et mores hominum ac leges omnes humanas posthaberet divinæ et evangelicæ? Qua cautum est a Christo, ut etiam inimicos diligamus, contumelias et damna patienter toleremus? [9]

D.—Ad ineptias reddis, Leopolde, et ut video multam operam frustra consumpsimus Vaticana illa, de qua paulo ante meministi, de honestate rei militaris disputatione.

[8] Epist. 23 ad Bonif. q. l. c. *Noli.*
[9] Math. 5.

nos conserve en paz, porque no se busca la paz para ejercitar la guerra, sino que se hace la guerra por adquirir la paz.

L.—Verdad dices, oh Demócrates, pero yo creo que no hay ninguna causa justa para la guerra, ó por lo menos que son rarísimas.

D.—Yo, por el contrario, creo que son muchas y frecuentes. Porque no nacen las causas de la guerra de la probidad de los hombres, ni de su piedad y religión, sino de sus crímenes y de las nefandas concupiscencias de que está llena la vida humana, y que continuamente la agitan. Pero es cierto que un príncipe bueno y humano no debe arrojarse á nada temerariamente ni por codicia, sino buscar todas las vías de paz y no dejar de intentar cosa alguna para repeler sin necesidad de guerra los ataques é injurias de los hombres inicuos é importunos, y mirar por la salud y la prosperidad del pueblo que le está confiado, y cumplir lo que debe á su oficio. Esto es lo que piden la virtud, la religión, la humanidad. Pero si después de haberlo intentado todo, nada consigue, y ve que se sobrepone á su equidad y moderación la soberbia y la perversidad de los hombres injustos, no debe tener reparo en tomar las armas, y nadie dirá que hace guerra temeraria ó injusta.

L.—¿Y no haría cosa más justa y más conforme á la piedad cristiana si cediese á la injusticia de los malvados, y sufriese con ánimo resignado las injurias, y pospusiera todas las costumbres y leyes humanas á la ley divina y evangélica, que nos manda por boca de Cristo amar á los enemigos y tolerar con paciencia todos los daños y afrentas?

D.—Vuelves á tus inepcias, oh Leopoldo, y, según veo, perdimos el tiempo en aquella disputa nuestra del Vaticano sobre la honestidad ó licitud del oficio militar,

Neque enim tibi persuadere potui nonnumquam evangelica lege non repugnante.

L.—Nos vero navavimus operam: multa enim sunt varie a te et copiose triduo illo de religione, de omni virtutum genere, præsertim quæ rem militarem attingunt disputata, et me quem quorumdam ex meis germanis novus error abstraxerat adduxisti; ut non omnia bella christianis interdicta esse putarem, saltem ea quæ ad injurias repellendas suscipiuntur. Hoc enim jure naturæ cunctis hominibus permissum esse mihi persuasisti; et multa de legibus naturæ pulcra et scitu digna, quæ ex mente magna ex parte jam exciderunt disseruisti. Itaque mihi pergratum esset, quando nos in hoc oppidum Regium Hispaniæ celeberrimum, nescio quæ fortuna ut conveniremus effecit, ut otium hodie in his ad Pisoracæ ripam amenis hortis nacti sumus, quædam ex te audire quæ sunt illi disputationi non aliena, nec molestum fuerit bis eadem audire si qua tibi videbuntur summatim esse repetenda quæ in Romano illo colloquio pluribus verbis a te fuerint disputata.

D.—Quid tandem novi est, illam de honestate rei militaris quæstionem attingens, quod ex me audire cupias?

L.—Pauca scilicet, non tamen contemnenda; pertinent enim ad belli justitiam. Quoniam[10] nuper dum in aula Phillippi principis cum amicis deambularem, prætereunte Ferdinando Cortesio Vallis Marchione, hujus aspectu admoniti, sermones ingressi sumus et in longum protraximus de rebus ab eo cæterisque Caroli ducibus gestis in plaga illa occidua et australi veteribus nostri orbis hominibus prorsus ignorata. Quæ res, fateor, magnæ mihi admirationis fuerunt, propter multiplicem et insperatam earum novitatem. Sed eadem mihi postea mecum recolenti, etiam atque

---

[10] Alia lectio "nam cum forte nuper ad aulam..

puesto que no pude persuadirte que algunas veces la ley evangélica no repugna la guerra.

L.—Más bien creo que aprovechamos el tiempo, puesto que en aquellos tres días se trató varia y copiosamente de la religión y de todo género de virtudes, especialmente de aquellas que tienen que ver con la milicia, y á mí que estaba seducido por el nuevo error de algunos de mis compatriotas alemanes, me obligaste á declarar que no todas las guerras están prohibidas á los cristianos, á lo menos aquellas que se emprenden en propia defensa. Tú me persuadiste que por derecho natural la defensa está permitida á todo hombre, y sobre el derecho de gentes dijiste muchas cosas interesantes y dignas de saberse, que ya en gran parte se me han ido de la memoria. Por lo cual me sería muy grato (ya que la fortuna nos ha reunido en esta ciudad celebérrima del reino de España), que ocupásemos la ociosidad de que disfrutamos hoy en estos amenos huertos de las riberas del Pisuerga, preguntándote yo algunas cosas que no son ajenas de aquella controversia; y no me será molesto que comiences por hacer un resumen de lo que más largamente disputamos en aquel coloquio de Roma.

D.—¿Y cuáles son las cosas nuevas que quieres preguntarme enlazadas con este punto del derecho de guerra?

L.—Pocas, pero no ciertamente despreciables. Hace pocos días, paseándome yo con otros amigos en el palacio del príncipe Don Felipe, acertó á pasar Hernán Cortés, marqués del Valle, y al verle comenzamos á hablar largamente de las hazañas que él y los demás capitanes del César habían llevado á cabo en la playa occidental y austral enteramente ignorada de los antiguos habitadores de nuestro mundo. Estas cosas, fueron para mí de grande admiración por lo grandes, nuevas é inesperadas; pero pensando luego en ellas me asaltó una duda, es á saber,

etiam dubitare in mentem venit atque vereri ne non satis ex justitia et christiana pietate hispani bellum innocentibus illis mortalibus, et nihil de se male merentibus intulissent. De hoc igitur et similibus bellis, quæ nulla necessitate, sed consilio quodam (ne libidine dicam et cupiditate) fiunt; quid sentias audire cupio. Utque eadem opera omnes mihi causas quibus bellum tibi juste suscipi posse videatur, qua soles facultate pro singulari tuo ingenio et alta mente summatim explices et quæstionem paucis verbis prosequaris.

D.—Faciam vero quod jubes, non equidem ingenio, sed tali quapiam facultate fretus, quæ in me sentio quam sit exigua, sed quia, ut dicis, otiosi sumus, et me ad ista disserendum non prorsus imparatum offendis. Neque enim tu vel solus es, vel eorum primus qui mecum hunc sermonem eisdem eos scrupulis sollicitantibus contulerunt. Sed ut paulo ante dicebas, quadam nobis summatim ex veteri illa disputatione repetenda sunt. Atque illud imprimis quod est hujus causæ et multarum aliarum fundamentum: *Quidquid jure fit seu lege naturæ, id jure quoque divino fieri et lege evangelica.* Non enim si Christus nos, ut est in Evangeliis [11] jubet ne malo resistamus, utque percutienti maxillam unam, alteram feriendam exponamus, et tunicam tollere volenti dimittamus et pallium, statim legem naturæ substulisse videri debet qua cuique vim vi repellere licet cum moderamine inculpatæ tutelæ; [12] illa enim non re semper præstare oportet sed cordis, ut ait Augustinus, præparatione [13] ut si res ratioque pietatis poscat, id facere ne recu-

[11] Math. 5.
[12] C. Dilecto de Sen. ex c in Sexto.
[13] Contr. Faust. l. 22 et Epist. 5.

si era conforme á la justicia y á la piedad cristiana el que los españoles hubiesen hecho la guerra á aquellos mortales inocentes y que ningún mal les habían causado. Quiero saber, pues, lo que piensas sobre ésta y otras guerras semejantes que se hacen sin ninguna necesidad ni propósito, sino por mero capricho y codicia. Y quiero también que me expliques sumariamente con aquella claridad propia de tu singular ingenio y delicado entendimiento todas las causas que puede haber para una guerra justa, y luego resuelvas la cuestión en pocas palabras.

D.—Haré gustoso lo que me mandas, confiado, no ciertamente en mi ingenio, sino en cierta facilidad de hablar que bien conozco cuán exigua sea, pero como tú dices, estamos ociosos y me encuentras no enteramente desprevenido para esta discusión. Ni eres tú el único ni tampoco el primero que me ha puesto esos mismos escrúpulos que á ti te solicitan. Pero, como tú hace poco decías, me parece conveniente repetir ante todo, aunque sea de un modo sumario, algunas cosas de aquella antigua disputa. Y en primer lugar hay que recordar un principio que es el fundamento de la presente cuestión y de otras muchas: todo lo que se hace por derecho ó ley natural, se puede hacer también por derecho divino y ley evangélica; porque cuando Cristo nos manda en el Evagelio no resistir al malo, y que si alguien nos hiere en una mejilla presentemos la otra, y que si alguien nos quiere quitar la túnica, entreguemos la túnica y el manto, no hemos de creer que con esto quiso abolir la ley natural por la que nos es lícito resistir la fuerza dentro de los límites de la justa defensa, pues no siempre es necesario probar esa resignación evangélica de un modo exterior, sino que muchas veces basta que el corazón esté preparado, como dice San Agustín, para hacer tal sacrificio cuando una razón de piedad lo exija. Y de esta

semus. Cujus interpretationis non modo Paulum [14] auctorem habemus, et ipsum Christum. Paulus enim colapho sibi jussu principis sacerdotum incusso, tantum abfuit ut alteram maxillam feriendam exponeret, ut injuriam ægre ferens ejus auctorem convitio reprimendum curavit. «Percutiet te, inquit, Deus, paries dealbate», id est (ut ait Augustinus) hypocrita,[15] tu sedens judicas me secundum legem, et contra legem jubes me percuti». Christus autem percussus eodem modo nec ipse præbuit maxillam alteram, sed ut percussorem, ne augeret injuriam, ratione reprimeret, ut Augustinus [16] idem declarat. *"¿Si male inquit, locutus sum, testimonium perhibe de malo, si autem bene, cur me cædis?"* Non igitur hæ leges sunt aliter quam diximus obligantes, sed monita et adhortationes, non tam ad vitam communem quam ad apostolicam perfectionem pertinentes. Ut Gregorius [17] docet his verbis: specialiter jussu paucis perfectioribus, et non generaliter omnibus dicitur, hoc quod adolescens dives audivit: *Vade et vende omnia quæ habes et da pauperibus, et habebis thesaurum in cœlo, et veni sequere me.* Vita enim communis atque civilis Decalogi dumtaxat et cæteris legibus naturalibus uti Deus Christus voluit, in eisdemque satis esse præsidii docuit ad parandam vitam æternam. Qui, se roganti cuidam, «Magister, quid boni faciam ut habeam vitam æternam?» Respondit: *Si vis ad vitam ingredi, serva mandata.*[18] *Quæ?* inquit ille. Et Christus: *Non homicidium facies, non adulterabis;* et cæteras Decalogi leges persequitur. Sed si vis, inquit, perfectus esse: *vade, et vende omnia quæ habes, et da pauperibus, et sequere me.* Quod simile est monitis et adhortationibus

14 Act. 23.
15 Epist. cit. et Dom. in monte, l. 4.
16 Epist. ad Marc.
17 Moral., l. 26, c. 21.
18 Math, 19.

interpretación tenemos por autor, no sólo á San Pablo, sino al mismo Cristo. San Pablo cuando le golpearon en el rostro por orden del Príncipe de los sacerdotes, lejos de presentar la otra mejilla, llevó muy á mal aquella injuria y reprendió á su autor con graves palabras. «Dios te abofeteará (le dijo), pared blanqueada, (esto es, como San Agustín expone, *hipocrita*) tú estás sentado en el tribunal para juzgarme según ley, y contra ley mandas abofetearme.» Cristo, abofeteado del mismo modo, tampoco presentó la otra mejilla, sino que para que el agresor no extremase la injuria, le reprendió con graves razones, como el mismo San Agustín declara: «Si he hablado mal (dijo) da testimonio de lo malo; si he hablado bien, ¿por qué me hieres?» Estas palabras evangélicas no son leyes en el sentido obligatorio, sino consejos y exhortaciones que pertenecen no tanto á la vida común, cuanto á la perfección apostólica. San Gregorio lo enseña con estas palabras: «son mandato especial para los pocos que aspiran á la perfección más alta, y no general para todos, aquellas palabras que oyó el adolescente rico: vende lo que tienes y dalo á los pobres, que en el cielo tienes tu tesoro, y ven y sígueme». La vida común y civil se basa sólo en los preceptos del Decálogo y en las demás leyes naturales, y Cristo nos enseñó que en ellas había bastante auxilio para lograr la vida eterna. Preguntándole alguien:—Maestro, ¿qué cosa buena haré para lograr la vida eterna?—Si quieres llegar á esa vida, le dijo, guarda los mandamientos.—¿Qué mandamientos son?—replicó él: y Cristo le dijo:—No harás homicidio, no adulterarás, y fué prosiguiendo con los demás preceptos del Decálogo. Pero, añadió:—Si quieres ser perfecto, vete y vende todo lo que tienes y dalo á los pobres y sígueme.—Lo cual es muy semejante á las exhortaciones sobre la paciencia en las injurias de que antes hablábamos. Y al mismo pro-

de ferendis injuriis, quas paulo ante commemorabam. Itaque Christus alio in eamdem sententiam: *Ommia,* inquit,[19] *quæ vultis ut faciant vobis homines, ita et vos facite illis. Hæc est enim lex et Prophetæ.* Quæ verba viri prudentissimi doctrina et pietate christiana præstantes [20] sic interpretantur, ut eis confirmatas esse declarent a Christo leges omnes naturales. Huc quoque pertinet quod Paulus scripsit ad Romanos: [21] Qui diligit, inquit, proximum, legem adimplevit. *Nam non adulterabis, non occides; non furaberis; non falsum testimonium dices; non concupisces;* et si quod aliud mandatum est, in hoc verbo continetur: *Diliges proximum tuum sicut te ipsum,* scilicet, quia leges omnes naturales et divinæ de rebus agendis pertinent ad homines in offiicio continendo, et conservandam societatem humanam in hac vita (quæ societas mutua charitate et benevolentia maxime continetur) ut sic gradus fiat ad illam alteram æternam. In mutua vero hominum charitate pietas quoque in Deum atque amorem intelligimus. Dilectio enim Dei in hoc maxime cernitur, si quis Dei leges servet. *Si quis diligit me,* Christus ait, *sermonem meum servabit.* [22] Nam cum inter Christianos non pauciores controversiæ cadere possent, quam olim inter Romanos, nec paucioribus legibus opus esset ad eas recte minuendas et dijudicandas, quam quæ duodecim tabulis, et quinquaginta Digestorum libris continentur: [23] Christus tamen paucis legibus Decalogi repetitis, has et cæteras omnes quæ mores et res agendas attingunt, una lege amplexus est, quæ probat jus naturæ quo societas humana continetur. Quoniam jure naturali (ut tradit auctor gravissimus Gratianus) nihil aliud præcipitur

19 Math. 7.
20 Decret. Dist. l. c. Humanum.
21 Ad Rom. 13.
22 Joan. 14.
23 Dist. l. c. ult.

pósito, dijo Cristo en otro lugar: «Todo lo que queréis que los hombres hagan con vosotros, hacedlo vosotros con ellos. Esta es la Ley y los Profetas.» Palabras son estas que los varones más prudentes y de mayor doctrina y piedad cristiana, interpretan como una confirmación hecha por Cristo de todas las leyes naturales. Así lo declaran también aquellas palabras que San Pablo escribió á los romanos: «El que ama á su prójimo cumple la ley, porque la ley dice: no adulterarás, no matarás, no hurtarás, no dirás falso testimonio, no codiciarás, y si algún otro mandamiento hay, contenidos están en esta sola palabra: amarás á tu prójimo como á ti mismo.» Lo cual quiere decir que todas las leyes naturales y divinas se dirigen á contener á los hombres en el deber y á conservar en esta vida la sociedad humana, que se funda principalmente en mutua caridad y benevolencia, para que esta vida sea como una escala y preparación para la otra vida eterna: y cuando hablamos de mutua caridad humana entendemos también la piedad y el amor de Dios, porque el amor de Dios se conoce principalmente en guardar las leyes de Dios. Cristo lo dice: «Si alguien me ama observará mis preceptos.» Y aunque entre los cristianos pueda haber no menores controversias que en otro tiempo hubo entre los romanos y para resolverlas con rectitud sean necesarias no menos leyes que las contenidas en las 12 Tablas y en los 50 libros del Digesto, Cristo, sin embargo, contentándose con repetir unas pocas leyes del Decálogo ha reducido estas y todas las demás que pertenecen á las costumbres y á la vida, á una sola ley que confirma el derecho natural en el que la sociedad humana está fundada. Porque como dice Graciano, autor gravísimo, ninguna otra cosa prohibe el derecho natural, sino lo que el mismo Dios prohibe. De este derecho escribe San Cipriano: «La ley divina escrita no difiere en cosa

quam quod Deus prohibet fieri. De quo jure sic scribit Cyprianus: [24] Nec lex, inquit, divina scripta a lege naturali in aliquo dissonat, sed reprobatio mali et electio boni sic animo rationali infixæ sunt divinitus; ut de hoc nemo recte causetur quia nulli ad harum rerum persecutionem deest scientia, sive potentia, quia et quid agendum est scimus, et quod scimus facere possumus.

Iam profecto ita sese res habet, ut cum tria omnino sint reipublicæ genera recta et honesta, Regnum, Status optimatum, et quæ communi vocabulo Respublica dicitur, nulla lex earum cuiquam convenienter ferri possit, quæ non sit naturæ consentanea, aut certe nulla quæ ab ordine naturæ deflectat. Omnibus enim salus et commoditas publica proposita est, hoc est felicitas, quæ duplex esse intelligitur. Altera perfecta et ultima, et finis bonorum omnium, quam efficit clarus aspectus et contemplatio Dei, quæque ut est, sic æterna vita nominatur. Altera imperfecta et inchoata, qualis potest hominibus in hac vita contingere. [25] Hæc autem consistit in usu virtutis, ut philosophi declarant; estque via et quasi gradus ad perfectam felicitatem. Hac beati sunt pacifici. Beati mundo corde et cæteri de quibus eodem loco Christus memorat in Evangelio. Cum igitur in omni bona republica leges omnes ad virtutis usum referri debeant, auctoribus etiam ethnicis philosophis necdum religiosis et christianis, et virtus naturæ sit maxime secundum Deum petenda, atque colenda, efficitur, ut optimæ quæque leges maxime sint naturæ accomodatæ, Deo et optimis et sapientissimis hominibus auctoribus; quanto igitur magis in ea republica, cujus ipse per se Deus conditor est et legum lator.

L.—Abunde mihi videris et copiose, altisque jactis fundamentis legum naturalium vim et auctoritatem statuisse

[24] In sermon. de baptis.
[25] Ethic. l. ct. 10.

alguna de la ley natural, porque la reprobación del mal y la elección del bien están divinamente impresas en el alma racional, de tal modo, que a nadie le falta ciencia para discernir lo bueno de lo malo, ni potencia para ejecutar el bien y huir del mal.»

Y tan verdad es esto, que siendo tres las formas de gobierno rectas y honestas, la monarquía, la aristocracia y la que, con vocablo común á todas, llamamos república, en ninguna de ellas puede hacerse ley que no sea conforme á la naturaleza, ó por lo menos, ninguna que se aparte del orden natural. Porque todas ellas se proponen la salud y comodidad pública, esto es, la felicidad, la cual se entiende de dos modos. Hay una felicidad perfecta y última, y fin de todos los bienes, la cual resulta de la clara visión y contemplación de Dios, y á la cual llamamos vida eterna. Hay otra imperfecta y deficiente, y es la única que pueden disfrutar los hombres en esta vida. Esta consiste en el uso de la virtud, como los filósofos declaran; y es el camino y como la escala para la felicidad perfecta. Por ésta, son bienaventurados los pacíficos, bienaventurados los limpios de corazón, y todos los demás que Cristo enumera en aquel lugar de su Evangelio. Siendo constante, pues, que en toda buena república todas las leyes deben encaminarse á la práctica de la virtud, conforme enseñan los mismos filósofos gentiles, no ya los religiosos y cristianos; y siendo la virtud natural apetecible principalmente respecto de Dios, resulta que las mejores leyes han de ser las más acomodadas á la naturaleza; y, ¿cuánto más no han de serlo en aquella república de que Dios es por sí mismo fundador y legislador?

L.—Abundante y copiosamente has establecido y confirmado, sobre fundamentos sólidos, la fuerza y autoridad

et confirmasse. Sed lex naturalis quæ sit, nondum nobis constitutum est, aut declaratum.

D.—Legem naturalem philosophi eam esse definiunt; *quæ ubique habet eamdem vim, non quia sic placuit aut secus.*[26] Theologi aliis verbis sed eodem pertinentibus in hunc modum: *Lex naturalis est participatio legis æternæ in creatura rationis compote.*[27] Porro lex æterna ut definit Augustinus[28] «est voluntas Dei quæ ordinem naturalem conservari vult, perturbari vetat». Hujus autem legis æternæ particeps est homo per rectam rationem et probitatem ad officium et virtutem. Nam licet homo per appetitum sit pronus ad malum; tamen per rationem ad bonum est proclivis. Itaque recta ratio et proclivitas ad officia, atque virtutis munera probanda lex naturalis est et nominatur. Hæc est illa lex de qua Paulus[29] meminit in mentione bonorum ex ethnicis hominum qui naturaliter, quæ recta sunt, agebant. Ipsi, inquit, sibi lex sunt, qui ostendunt opus legis inscriptum in cordibus suis. Itaque rogantibus in Psalmo:[2] «Quis ostendit nobis bona?» Illud respondetur: «Signatum est super nos lumen vultus tui, Domine.» Nam hoc est rectæ rationis lumen quæ lex naturalis intelligitur. Hæc enim quid bonum sit atque justum: quid vicissim malum et injustum in bonis viris declarat, non christianis solum, sed in cunctis qui rectam naturam pravis moribus non corruperunt, atque eo magis quo melior quisque est et intelligentior.

L.—Quorsum tam multa de legibus naturalibus atque ethnicis philosophis?

D.—Nempe ut intelligatur legum naturalium judicium non a christianis solum et scriptis Evangelicis petendum

[26] Æthic. 5.
[27] S. Thom. 2.2, q. 91.2.
[28] De liber arbitr. 1.1.
[29] Ad Rom. 2.
[30] Psal. 4.

de las leyes naturales. Pero todavía no has declarado lo que entiendes por ley natural.

D.—Los filósofos llaman ley natural la que tiene en todas partes la misma fuerza y no depende de que agrade ó no. Los teólogos, con otras palabras, vienen á decir lo mismo: La ley natural es una participación de la ley eterna en la criatura racional. Y la ley eterna, como San Agustín la define, es la voluntad de Dios, que quiere que se conserve el orden natural y prohibe que se perturbe. De esta ley eterna es partícipe el hombre, por la recta razón y la probidad que le inclinan al deber y á la virtud, pues aunque el hombre, por el apetito, sea inclinado al mal, por la razón es propenso al bien. Y así la recta razón y la inclinación al deber y á aprobar las obras virtuosas, es y se llama ley natural. Esta es aquella ley de que San Pablo hace mención cuando habla de aquellos hombres buenos, entre los paganos, que, naturalmente, obraban cosas rectas. Ellos son la ley para sí propios (dice), porque muestran la obra de la ley escrita en sus corazones. Y por eso cuando se pregunta en un Salmo quién nos muestra el bien, se responde: *Signada está sobre nosotros la lumbre de tu rostro, señor.* Esta luz de la recta razón, es lo que se entiende por ley natural; ésta es la que declara, en la conciencia de los hombres de bien, lo que es bueno y justo, lo que es malo é injusto, y esto no sólo en los cristianos, sino en todos aquellos que no han corrompido la recta naturaleza con malas costumbres, y tanto más cuanto cada uno es mejor y más inteligente.

L.—Y ¿á dónde vas á parar con todo eso que dices de la ley natural y de los filósofos paganos?

D.—Quiero dar á entender que no debe buscarse sólo en los cristianos y en los escritos evangélicos, sino también en aquellos filósofos de quienes se juzga que más

esse, sed etiam ab his philosophis qui optime et sagacissime putantur de natura rerum ac de moribus deque omni reipublicæ ratione diseruisse, præsertim ab Aristotele, cujus præcepta, perpaucis exceptis de rebus quæ captum humanum excedunt, et homini, nisi per divina oracula explorata esse non possunt, tanto consensu et approbatione sunt a posteritate recepta ut jam non minus philosophi voces, sed communes sapientium sententiæ ac decreta esse videantur.

L.—Ad rem igitur redeamus, et jam causas expone, si quæ sunt, quibus tibi juste ac pie bellum suscipi aut geri posse videatur.

D.—Bellum justum non modo justas suscipiendi causas sed legitimam etiam auctoritatem et rectum gerentis animum desiderat, rectamque gerendi rationem. Nom enim cuivis bellum suscipere permissum est et præter quam ad injuriam propulsandam, quam repellere cum moderamine inculpatæ tutelæ, cuique licet jure naturæ, ac potius ut Innocentius Pontifex testatur in Concilio Lugdunensi: [31] *Omnes leges omniaque jura vim vi repellere cunctisque sese defensare permittunt.* Bellum igitur inferre per se, vel ducem, nulli nisi principi licet, aut iis qui summam auctoritatem habent in republica. Nam ut Augustinus in disputatione contra Faustum ait: «Ordo naturalis mortalium paci accommodatus hoc poscit, ut suscipiendi belli auctoritas atque consilium penes principes sit.» [32] Et Isidorus [33] justum bellum esse negat quod ex edicto non geratur, bellum autem edicere, quod est publice cives ad arma vocare ad summam reipublicæ potestatem pertinet, cum sit ex iis rebus in quibus maxime civitatis aut regni summa versatur. Itaque ·principes

[31] De sent. exe. in 6 c. *Dilecto.*
[32] Lib. 22, et habetur 23, q. 1. c. *Quid culpatur.*
[33] Etym. l. 20, et habetur 23, q. 20 c. *Justum est.*

sabiamente trataron de la naturaleza y de las costumbres y del gobierno de toda república y, especialmente, de Aristóteles, cuyos preceptos, exceptuadas muy pocas opiniones referentes á cosas que exceden la capacidad del entendimiento humano y que el hombre sólo puede conocer por divina revelación, han sido recibidos por la posteridad con aprobación tan unánime, que no parecen ya palabras de un solo filósofo, sino sentencias y opiniones comunes á todos los sabios.

L.—Vamos, pues, al asunto y expónme ya las causas (si algunas hay) por las cuales crees tú que, justa y piadosamente, puede emprenderse ó hacerse la guerra.

D.—La guerra justa no sólo exige justas causas para emprenderse, sino legítima autoridad y recto ánimo en quien la haga, y recta manera de hacerla. Porque no es lícito á cualquiera emprender la guerra, fuera del caso en que se trate de rechazar una injuria dentro de los límites de la moderada defensa, lo cual es lícito á todos por derecho natural, ó más bien, como atestigua el papa Inocencio en el Concilio Lugdunense, todas las leyes y todos los derechos permiten á cualquiera defenderse y repeler la fuerza con la fuerza. Pero el declarar la guerra, propiamente dicha, ya la haga por sí, ya por medio de sus capitanes, no es lícito sino al príncipe ó á quien tenga la suprema autoridad en la república. Por eso —dice San Agustín en su disputa contra Fausto— el orden natural, acomodado á la paz de los mortales, exige que la autoridad y el consejo para hacer la guerra, resida en los Príncipes. Y San Isidoro niega que sea justa guerra la que no se hace previa declaración; y el declarar la guerra, que es llamar públicamente los ciudadanos á las armas, pertenece á la suprema potestad de la república, por ser de aquellas cosas en que principalmente consiste la soberanía en una ciudad ó reino.

intelligendi sunt, qui perfectæ reipublicæ præsunt, quique rem cum summa potestate, et sine provocatione ad principem superiorem, gerunt. Nam cæteri qui non toti, sed parti regni vel reipublicæ præsunt, ad superioris præscriptum imperio funguntur, non principes sed præfecti magis vero nomine nuncupantur. Dixi ad justitiam belli suscipientis et gerentis probum animum, hoc est, bonum finem rectumque propositum desiderari: quoniam hæc est virtutis officiique conditio auctore Dionysio [34] ut nisi habeat omnes suos numeros virtutis et officii nomen amittat. Nam peccare in re aliqua multis modis usu venit, recte agere uno dumtaxat, servatis scilicet rebus omnibus attributis quas vulgus philosophorum circumstantias appellat, ut ab uno puncto ad alterum punctum unam tantum lineam rectam duci posse mathematici declarant, obliquas aut curvas infinitas; et figendi scopum una dumtaxat ratio est sagitariis, ab eo deflectendi quam plurimæ.[35] Itaque peccare in eadem re, ut philosophi tradunt, multis modis accidit, recte agere uno dumtaxat, ex rebus autem attributis ratio finis principatum tenet.[36] Nam finis in rebus agendis, eisdem philosophis [37] auctoribus, perinde est ac suppositiones in mathematicis, et a fine justum est cuncta nominari, usque adeo ut qui adulterium admittit, questus gratia, injustus potius et avarus appellari debeat quam adulter.[38] Magni ergo refert ad belli justitiam quo quisque animo bellum suscipiat, id est, quem sibi finem belli gerendi proponat. Quod animadvertens Augustinus: *Militare*, inquit, *nom est delictum, sed propter prædam militare peccatum est, nec rempublicam gerere criminosum est, sed*

[34] De divin. nom. c. 4.
[35] Æthic. 2.
[36] Æthic. 7.
[37] 2 de Anima.
[38] Æthic. 5.

Y por príncipes han de entenderse los que presiden en una república perfecta y ejercen la suprema potestad sin apelación a un príncipe superior. Porque los demás que no presiden a todo un reino ó república, sino á una parte de él, y están sujetos á lo prescripto por un superior, no deben ser llamados príncipes, sino más propiamente Prefectos. Dice también que para la guerra justa se requiere ánimo probo; esto es, buen fin y recto propósito, porque ésta es la condición de la virtud y del deber, según San Dionisio; y si no es enteramente perfecta, debe perder el nombre de virtud. El pecar en cualquier cosa puede ser de muchos modos, pero el obrar bien no puede ser más que de uno solo, tenidas en cuenta, sin embargo, todas aquellas que el vulgo de los filósofos llama circunstancias, así como los matemáticos declaran que, de un punto á otro, no se puede tirar más que una línea recta, pero oblicuas ó curvas se pueden tirar infinitas: sólo de un modo pueden herir los flecheros el blanco, pero de infinitos pueden apartarse de él. El pecar, pues, como los filósofos enseñan, puede acaecer de muchos modos; el obrar bien, de uno solo. Entre las circunstancias, la razón de fin es la principal. Porque el fin en las acciones, según enseñan los mismos filósofos, es como las suposiciones en matemáticas, y por fin es justo que todas las cosas se denominen, de tal modo, que quien comete adulterio por dinero, más bien debe ser llamado injusto y avaro que adúltero. Mucho importa, pues, para la justicia de la guerra, saber con qué ánimo la emprende cada cual; es, á saber: qué fin se propone al guerrear. Por eso advierte San Agustín que el hacer la guerra no es delito, pero que el hacer la guerra por causa del botín es pecado; ni el gobernar la república es cosa criminal, pero el gobernar la república para aumentar sus propias riquezas, parece cosa digna de condenarse.

ideo gerere rempublicam ut divitias augeas, videtur esse damnabile.[39]

Modum quoque dixi, ut cæteris scilicet in rebus sic et in bello gerendo tenendum esse ut si fieri possit, innocentibus non fiat injuria, neve ad legatos, advenas aut clericos et res sacras serpat maleficium, nec hostes plus justo ledantur, nam fides etiam hostibus data servanda est, et in ipsos non plus quam ratione culpæ sæviendum. Unde Augustinus idem alio in loco ait: «nocendi cupiditas, ulciscendi crudelitas, impacatus et implacabilis animus, ferocitas rebellandi, libido dominandi et similia, hæc sunt quæ in bellis culpantur».[40] Quibus verbis declarat Augustinus moderationem quoque ut bonam voluntatem, quæ finis potissimum esse traditur in suscipiente et gerente bellum desiderari. Finis autem justi belli est ut pace et tranquillitate, juste et cum virtute vivatur, subtracta pravis hominibus nocendi et peccandi facultate. Ad summam ut hominum bono publico consulatur: hic est enim finis omnium legum recte et naturaliter constitutæ reipublicæ convenienter latarum.

L.—Auctoritatem igitur instituendi belli quod non præsentem injuriam repellendi necessitate, quæ necessitas facultatem cuique præbet lege naturæ, sed consilio ex aliis causis suscipitur, penes principes esse statuis qui proprie intelliguntur, aut magistratus cujuslibet reipublicæ quorum consilio et summa potestate res communis administratur, ab eisque negas juste bellum decerni, si alia ratione quam publico bono ducta, nec aliter ei consulere valentes ad arma descendant.

D.—Sic prorsus existimo.

L.—Bellum igitur quodcumque fuerit, his quas exposuisti, rebus servatis illatum, juste factum fuisse non du-

---

[39] De verbis Domini, et habetur 23, q. l. c. *Militare.*
[40] Contra Faust. 22, habetur 23, q. l. c. *Quid culpatur.*

En la guerra, como en las demás cosas, se ha de atender también al modo; de suerte que, á ser posible, no se haga injuria á los inocentes, ni se maltrate á los embajadores, a los extranjeros ni á los clérigos, y se respeten las cosas sagradas y no se ofenda á los enemigos más de lo justo, porque aun con los enemigos ha de guardarse la buena fe, y no ser duro con ellos sino en proporción á su culpa. Por eso dice San Agustín en otro lugar: «El deseo de ofender, la crueldad en la venganza, el ánimo implacable, la ferocidad, el ansia de dominación y otras cosas semejantes, son lo que ha de condenarse en la guerra.» Con estas palabras declara San Agustín que, tanto en el emprender como en el hacer la guerra, se requiere la moderación no menos que la buena voluntad. Porque el fin de la guerra justa es el llegar á vivir en paz y tranquilidad, en justicia y práctica de la virtud, quitando á los hombres malos la facultad de dañar y de ofender. En suma, la guerra no ha de hacerse más que por el bien público, que es el fin de todas las leyes constituídas, recta y naturalmente, en una república.

L.—Es decir que tú, exceptuando el caso de propia defensa contra una agresión presente, en cuyo caso la ley natural permite á todos repeler la injuria, sostienes que la autoridad de declarar la guerra pertenece solamente á los príncipes ó á los magistrados de cualquier república, en quienes reside la potestad suprema; y aun de estos mismos niegas que, con justicia, puedan hacer la guerra sino por el bien público, y cuando este no puede lograrse por otro camino.

D.—Así lo estimo.

L.—No dudaremos, pues, que una guerra, cualquiera que ella fuere, siempre que se haga con esas condiciones que has señalado, será una guerra justa. Y ¿qué sucederá si un príncipe, movido no por avaricia ni por

bitabimus; etiam si quis princeps non avaritia nec imperandi cupiditate ductus, sed suæ civitati agrorum et finium angustiis laboranti consulat, bellum inferat vicinis, quo ipsorum agris et præda pene necessaria potiatur.

D.—Minime vero, istud enim latrocinari esset, non belligerare. Sed justæ causæ subesse debent ut juste bellum suscipiatur, quæ multo magis principibus sunt quam militatibus dispiciendæ: nam vir justus (ut ait Augustinus) [41] si forte etiam sub rege et homine sacrilego militet recte potest illo jubente bellare, si vice pacis ordinem servans quod sibi jubetur, vel non esse contra Dei præceptum certum est: vel utrum sit, certum non est, ita ut fortasse sensu faciat regem iniquitas imperandi, innocentem autem militem ostendat ordo serviendi, quod tamen ita est intelligendum, si miles sub reipublicæ sit vel principis imperio. Nam quos nulla parendi necessitas excusat, his sine peccato non licet militare, officium reipublicæ vel principi præstare injustum bellum gerenti, quamvis de justitia ejus dubitetur, et ablata debent restituere, ut viri doctissimi declarant.[42] Adjuvat hanc sententiam Ambrosius, qui sic scripsit in Libro de Officiis: [43] «Si non potest subvenire alteri nisi alter lædatur, commodius est neutrum juvari quam gravari alterum. Causarum autem justi belli quarum illa gravissima est, et maxime naturalis, ut vi, cum non licet aliter, vis illata repellatur. Nam ut paulo ante dicebam, auctore Innocentio Pontifice: omnes leges, omniaque jura *vim vi repellere cunctisque sese defensare permittunt*».[44] Ad quod potissimum bellum natura cæteros etiam animantes unguibus, cornibus, dentibus, ungulis vel aliter armatis, hominem ad omnia bella

[41] Contra Faust. l. 22, habetur 27, q. l. c. *quid culpatur.*
[42] 14 q. c.° *Denique.*
[43] De sentent. exco. in 6 c.°
[44] De Partib. anim. 4 l. c x.

74

sed de imperio, sino por la estrechez de los límites de sus Estados ó por la pobreza de ellos, mueve la guerra á sus vecinos para apoderarse de sus campos como de una presa casi necesaria?

D.—Eso no sería guerra sino latrocinio. Justas han de ser las causas para que la guerra sea justa; pero esas causas son más para consideradas por los príncipes que por los soldados, porque el varón justo, como dice San Agustín, aunque milite bajo un rey sacrílego, puede lícitamente pelear á sus órdenes y cumplir las que se le den, siempre que no sean contra el precepto divino, ó cuando puede dudarse que lo sean; y así en el rey estará la iniquidad de mandar y en el inocente soldado el mérito de obedecer, si bien esto ha de entenderse cuando el soldado esté sometido á la potestad de la república ó del príncipe. Porque aquellos á quienes no se acusa ninguna necesidad de obedecer, no pueden, sin pecado, militar al servicio de una república ó de un príncipe que hace guerra injusta ó de dudosa justicia, y deben restituir todo aquello de que se apoderen, según varones doctísimos declaran. Confirma esta sentencia San Ambrosio, en su libro *De officiis:* «Si no se puede ayudar á uno sin ofender á otro, mejor es no auxiliar á ninguno de los dos que causar perjuicio á uno de ellos.» Entre las causas de justa guerra, la más grave, a la vez que la más natural, es la de repeler la fuerza con la fuerza, cuando no se puede proceder de otro modo; porque como he dicho antes con autoridad del papa Inocencio, permítese á cada cual el rechazar la agresión injusta. Y para eso la naturaleza, que armó á todos los demás animales con uñas, cuernos, dientes y otras muchas defensas, preparó al hombre para toda guerra, dándole las manos, que pueden suplir á las uñas, á los cuernos, á los colmillos, á la lanza y á la espada, porque pueden manejar todo gé-

manu, quæ pro unguibus, cornibus, ungulis, hasta et gladio est, et quocumque armorum genere manus uti potest; præterea ut idem philosophus [45] alio in loco declarat, solertia et animi viribus naturalibus. Prudentiam et virtutem ipse nominat, quibus cum hominem dicat uti posse in utramque partem, declarat se his nominibus abusum fuisse; cum idem alio in loco virtute neminem abuti profiteatur.[46]

Secunda causa justi belli est ut res ablatæ repetantur, quam causam secutum fuisse videmus [47] Abraham in bello quo persecutus est Chodorlahomor Elamitarum regem et socios principes qui, Sodomis direptis, Loth fratris ejus filium captivum cum ingenti præda ducebant. Quo declaratur non ad res proprias suasque tantum, sed etiam amicorum per injuriam ablatas repetendas, et injurias persequendas, bellum suscipere licet. Tertia ut qui injuriam intulerunt ab iis pœnæ repetantur, nisi fuerint a sua civitate maleficia negligenter punita, ut tum ipsi, et qui consentiendo injuriarum socii, justis pœnis affecti, de cætero fiant ad maleficia tardiores, tum cæteri ipsorum exemplo deterreantur. Possem hoc in loco multa bella quæ a Græcis et Romanis ob hanc causam gesta sunt cum magna hominum approbatione, quorum consensus naturæ lex esse putatur, commemorare. Tale namque fuit quod Lacædemonii ob virgines suas in solemni sacrificio Messeniorum stupratas, Messeniis intulerunt, ac in decenium produxerunt: et quod Romani Corinthios persequuti sunt propter legatos ab eis contra jus gentium violatos. Sed commodius exempla ex Historia Sacra petentur, qua traditum est ob stuprum et necem illatam uxori Levitæ in urbe Gabaa [48] tribus Benjamin, a cæteris filiis Israel

[45] Pol. 1.
[46] Mat. mor. 2.
[47] Genes. 14.
[48] Judicum, 20 et 21.

nero de armas. Dióle además talento é industria sagaz y diligente, facultades naturales del ánimo, que Aristóteles nombra prudencia y virtud en sentido lato; porque el mismo filósofo de ellas dice que pueden usarse en bien y en mal, siendo así que de la virtud, estrictamente considerada, no hay quien pueda abusar, como el mismo filósofo lo declara.

La segunda causa de justa guerra es el recobrar las cosas injustamente arrebatadas, y esta fué la causa que obligó á Abraham á la guerra que hizo contra Codorlaomor, rey de los Elamitas, y contra los príncipes aliados suyos, que después de haber saqueado á Sodoma, se llevaban cautivo, con un gran botín, á Lot, hijo de su hermano. Lo cual indica que es lícito, no sólo el recobrar las cosas propias injustamente arrebatadas, sino también las de los amigos, y defenderlos y repeler sus injurias como las propias. La tercera causa de justa guerra es el imponer la merecida pena á los malhechores que no han sido castigados en su ciudad, ó lo han sido con negligencia, para que de este modo, castigados ellos y los que con su consentimiento se han hecho solidarios de sus crímenes, escarmienten para no volver á cometerlos, y á los demás les aterre su ejemplo. Fácilmente podría aquí enumerar muchas guerras que los griegos y romanos hicieron por esta causa, con grande aprobación de los hombres, cuyo consenso debe ser tenido por ley de naturaleza. Tal fué aquella guerra que los Lacedemonios, por espacio de diez años, hicieron a los Mesenios, por haber éstos violado en un solemne sacrificio á ciertas vírgenes Espartanas, y aquella otra guerra que los Romanos hicieron á los Corintios, por haber afrentado á sus embajadores contra el derecho de gentes. Pero mejor es tomar ejemplos de la Historia Sagrada, donde se ve que por el estupro y muerte de la mujer del Levita, en la ciudad de Gabaá, de la tribu de Benjamín, los

huic civitati et consentienti Tribui bellum illatum fuisse memoratur, quo tota fere Tribus ad internecionem deleta, et urbes cum vicis incensæ; Jonatham et Simeonem Machabeos, ut necem Joannis fratris ulciscerentur, sumptis armis, Jambri filios adortos, magnam ipsorum stragem edidisse.[49]

L.—Ultionem injuriarum bonis viris et religiosis permissam esse dicis? quam igitur vim habent verba illa divina de quibus est in Deuteronomio. «Mihi vindictam, ego retribuam»; nonne declarant ulciscendi jus penes solum Deum residere?

D.—Non eo inficias, sed ultionem Deus non semper ipse per se, sed per sæpe suos administros exercet, hoc est, per principes et magistratus. Nam princeps minister Dei est, autore Paulo [50] ut vindex in iram Dei, qui malum agit. Itaque suas injurias persequi homini privato non licet, repellere præsentes et invadentibus occurrere licet, nec per leges et magistratus repetere vetatur, modo id non odio indulgens faciat, sed ut injuriæ modus imponatur et pravi homines exemplo pœnæ deterreantur. Qui vero reipublicæ personam gerunt, iis et suas quæ in rempublicam redundant, et singulorum civium injurias persequi licet; nec licet solum, sed est etiam necessarium: siquidem velint, ut velle maxime debent, munus sibi commissum obire; non enim sine causa gladium portant. Hæ sunt igitur tres causæ justi belli quas Isidorus paucis illis verbis quæ memoravi, quæque in ecclesiastica Decreta redacta sunt, comprehendit, in rebus repetendis pœnas injuriarum

[49] Machab. l. 3.
[50] Rom. 17.

demás hijos de Israel hicieron guerra á esta tribu por haber consentido en aquel atentado, y pasaron á cuchillo á casi todos los de la tribu, é incendiaron sus ciudades y talaron sus campos. Del mismo modo los Maçabeos Jonatan y Simeón, para vengar la muerte de su hermano Juan, tomaron las armas y acometiendo á los hijos de Jambro, hicieron en ellos espantoso estrago.

L.—¿Cómo dices que á los varones buenos y religiosos? ¿Qué fuerza tienen para ti aquellas divinas palabras que leemos en el Deuteronomio: Yo me reservaré mi venganza? ¿No se infiere de aquí que el derecho de vengarse pertenece solamente á Dios?

D.—No hay duda en ello; pero Dios no siempre ejerce la venganza por sí mismo, sino muchas veces por sus ministros; esto es, por los príncipes y los magistrados. Porque el príncipe es ministro de Dios, como dice San Pablo, y vengador, en nombre de la ira de Dios, contra quien obra mal. Y por eso al hombre privado no le es lícito vengar sus propias injurias, sino solamente repeler las agresiones del momento, y para todo lo demás tiene el amparo de las leyes y de los magistrados, siempre que no acuda á ellos por satisfacer su odio, sino para poner límite á la injuria y para que los malvados escarmienten con el ejemplo de la pena. Pero en los que gobiernan la república, no es ya lícito sino necesario que persigan y castiguen, no sólo las injurias contra la misma república, sino también las de cada ciudadano particular; y sólo así cumplirán el deber que les impone el oficio que desempeñan, porque no sin causa llevan la espada. Estas son, pues, las tres causas de justa guerra que San Isidoro enumera en las pocas palabras suyas que recordé antes, y estas son las que reconoce el derecho eclesiástico, si bien comprende el castigo de las injurias en la recuperación de las cosas arrebatadas, porque realmente suelen

complexus, quæ licet interdum per se, tamen plerumque cum rebus ablatis repetuntur.

Sunt et aliæ justi belli causæ, quæ minus quidem late patent minusque sæpe accidunt, justissimæ tamen habentur, nitunturque jure naturali et divino: quarum una est, si non potest alia via in ditionem redigantur hi quorum ea conditio naturalis est, ut aliis parere debeant, si eorum imperium recusent; hoc enim bellum justum esse lege naturæ philosophorum maximi testantur.[51]

L.—Miranda narras, Democrates, et præter receptam hominum opinionem.

D.—Miranda fortasse, sed iis qui Philosophiam a limine salutarunt: itaque te magis miror doctum hominem vetus philosophorum et maxime naturale decretum, dogma novum esse putare.

L.—Quisquam ne tam infeliciter natus est, ut servituti fuerit a natura damnatus? Quid enim aliud est esse natura alterius imperio subjectum, quam esse natura servum? An ludere putas jureconsultos, qui et ipsi plerumque rationem naturæ consectantur, cum homines cunctos initio liberos fuisse natos, et servitutem præter naturam jure gentium inductam fuisse confirmant?

D.—Ego vero jureconsultos et serio agere et prudentissime præcipere dico: tamen servitutis appellatione res longe diversa a jure peritis quam a philosophis declaratur; illi enim adventitiam quamdam et ab hominum vi, jureque gentium, ac interdum a civili profectam conditionem, Philosophi tarditatem insitam et mores inhumanos ac bar-

51 Pol. l. c. 5.

andar juntas estas causas, aunque cada una de ellas puede existir por sí sola.

Hay otras causas de justa guerra menos claras y menos frecuentes, pero no por eso menos justas ni menos fundadas en el derecho natural y divino; y una de ellas es el someter con las armas, si por otro camino no es posible, á aquellos que por condición natural deben obedecer á otros y rehusan su imperio. Los filósofos más grandes declaran que esta guerra es justa por ley de naturaleza.

L.—Opinión muy extraordinaria es esa, ¡oh Demócrates! y muy apartada del común sentir de los hombres.

D.—Sólo pueden admirarse de ella los que no hayan pasado del umbral de la filosofía, y por eso me admiro de que un hombre tan docto como tú tenga por opinión nueva lo que es una doctrina tan antigua entre los filósofos y tan conforme al derecho natural.

L.—¿Y quién nace con tan infeliz estrella que la naturaleza le condene á servidumbre? ¿Qué diferencia encuentras entre estar sometido por la naturaleza al imperio de otro y ser siervo por naturaleza? ¿Crees tú que hablan de burlas los jurisconsultos (que también atienden en muchas cosas á la ley natural), cuando enseñan que todos los hombres desde el principio nacieron libres, y que la servidumbre fué introducida contra naturaleza y por mero derecho de gentes?

D.—Yo creo que los jurisconsultos hablan con seriedad y con mucha prudencia; sólo que ese nombre de servidumbre significa para los jurisperitos muy distinta cosa que para los filósofos: para los primeros, la servidumbre es cosa adventicia y nacida de fuerza mayor y del derecho de gentes, y á veces del derecho civil, al paso que los filósofos llaman servidumbre á la torpeza de entendi-

baros nomine servitutis appellant. Cæterum tu memineris non omnia imperia genere uno, sed multis contineri; aliter enim alioque jure pater imperat filiis, aliter vir uxori, aliter dominus servis, aliter civibus magistratus, aliter rex populis atque mortalibus qui sunt ipsius imperio subjecti, quæ imperia cum sint diversa, tamen cum recta ratione constant, omnia nituntur jure naturæ; [52] vario quidem, sed profecto, ut docent viri sapientes ab uno principio et instituto naturali, ut perfecta imperfectis, fortia debilibus, virtute præstantia dissimilibus imperent ac dominentur. Quod est usque adeo naturale, ut in cunctis rebus, quæ ex pluribus sive continuis, sive divisis consistunt, alterum quod potius scilicet est tenere imperium, alterum subjectum esse videamus ut philosophi declarant.

Quoniam ex rebus etiam inanimatis ex materia et forma compositis, forma quia perfectior est præest et quasi dominatur, materia subest, et quasi paret imperio; quod esse, ajunt, in animalibus multo etiam manifestius, quippe animam imperium tenere et tamquam dominam esse, corpus subjectum et quasi servum. Tum eodem modo in ipsa anima partem rationis compotem præesse, atque imperio fungi, civili tamen, illam alteram rationis expertem subesse imperio, et obtemperare, et cuncta id facere decreto illo ac lege Dei et naturæ, ut perfectiora et potiora imperium teneant in dissimilia et imparia: quod in rebus quæ retinent incorruptam naturam quæque optime et animo et corpore sunt affecta, considerare jubent; quippe in his perspicuum est, id esse, cum sit integra natura, nam in vitiosis et depravatis sæpe corpus animæ et appetitus rationi dominatur, scilicet quia res sese male habet et præter naturam. Itaque in uno homine contueri licet imperium herile, quod anima in corpus exercet,

[52] Polit. 1.

miento y á las costumbres inhumanas y bárbaras. Por otra parte, debes recordar que el dominio y potestad no es de un sólo género sino de muchos, porque de un modo, y con una especie de derecho, manda el padre á sus hijos, de otro el marido á su mujer, de otro el señor a sus siervos, de otro el magistrado á los ciudadanos, de otro el rey á los pueblos y á los mortales que están sujetos á su imperio, y siendo todas estas potestades tan diversas, todas ellas, sin embargo, cuando se fundan en recta razón, tienen su base en el derecho natural, que aunque parezca vario, se reduce, como enseñan los sabios, á un solo principio, es á saber: que lo perfecto debe imperar y dominar sobre lo imperfecto, lo excelente sobre su contrario. Y es esto tan natural, que en todas las cosas que constan de otras muchas, ya continuas, ya divididas, vemos que hay una que tiene el imperio, según los filósofos declaran.

Y así vemos que en las cosas inanimadas la forma, como más perfecta, preside y domina, y la materia obedece á su imperio; y esto todavía es más claro y manifiesto en los animales, donde el alma tiene el dominio, y es como la señora, y el cuerpo está sometido, y es como siervo. Y del mismo modo, en el alma, la parte racional es la que impera y preside, y la parte irracional la que obedece y le está sometida; y todo esto por decreto y ley divina y natural que manda que lo más perfecto y poderoso domine sobre lo imperfecto y desigual. Esto se ha de entender respecto de aquellas cosas que conservan incorrupta su naturaleza, y respecto de los hombres sanos de alma y de cuerpo, porque en los viciosos y depravados es cierto que muchas veces domina el cuerpo al alma y el apetito á la razón, pero esto es cosa mala y contra naturaleza. Y así, en un solo hombre se puede ver el imperio heril que el alma ejerce sobre el cuerpo, la potestad civil y regia que el entendi-

civile ac regium quod mens seu ratio in appetitum, quibus in rebus perspicue apparet naturali et commodum esse, ut anima corpori dominetur, ratio præsit appetitui, et paritatem aut contrariam imperandi rationem cunctis esse perniciosam quod eodem modo eademque lege docent in homine et cæteris animantibus usu venire.

Quocirca, cum cicures sint feris potiores, tamen ipsis mansuetis melius est, et commodius, ut subjectæ sint hominis imperio; sic enim servantur. Eadem ratione mares in feminas, viri in pueros, ut pater in filios potiores, scilicet, ac perfectiores, in deteriores et imperfectos imperium tenent. Quam rationem perinde valere docent in cæteris hominibus inter ipsos, et horum quoddam esse genus in quo alteri sint natura domini, alteri natura servi. Nam qui prudentia valent et ingenio non autem corporis viribus, hos esse natura dominos; contra, tardos et hebetes, sed corpore validos ad obeunda necessaria munera, servos esse natura, quibus non modo justum esse declarant, sed etiam utile ut serviant natura dominis; quod lege quoque divina sancitum esse videmus. Scriptum est enim in libro Proverbiorum: [53] *qui stultus est serviet sapienti:* et tales esse barbaras et inhumanas gentes a vita civili et a mitioribus moribus abhorrentes. Quibus commodum esset a natura justum ut humaniorum et virtute præstantium principum, aut gentium imperio subjicerentur, ut horum virtute, legibus atque prudentia, deposita feritate, in vitam humaniorem, mitiores mores, virtutum cultum redigerentur.

Quæ si imperium recusent armis cogi posse, et id bellum justum esse tradunt lege naturæ his verbis: «Quo fit, inquit, ut opes bello etiam parandi ratio a natura quodam modo proficiscatur, nam ejus pars est venatoria facultas qua uti convenit, tum in belluas, tum in eos

[53] Prov. 11.

miento ó la razón ejercen sobre el apetito, por donde se ve claramente que lo natural y justo es que el alma domine al cuerpo, que la razón presida al apetito, al paso que la igualdad entre los dos ó el dominio de la parte inferior no puede menos de ser perniciosa para todos. A esta ley están sometidos el hombre y los demás animales. Por eso las fieras se amansan y se sujetan al imperio del hombre. Por eso el varón impera sobre la mujer, el hombre adulto sobre el niño, el padre sobre sus hijos, es decir, los más poderosos y más perfectos sobre los más débiles é imperfectos. Esto mismo se verifica entre unos y otros hombres; habiendo unos que por naturaleza son señores, otros que por naturaleza son siervos. Los que exceden á los demás en prudencia é ingenio, aunque no en fuerzas corporales, estos son, por naturaleza, los señores; por el contrario, los tardíos y perezosos de entendimiento, aun que tengan fuerzas corporales para cumplir todas las obligaciones necesarias, son por naturaleza siervos, y es justo y útil que lo sean, y aun lo vemos sancionado en la misma ley divina. Porque escrito está en el libro de los Proverbios: «El que es necio servirá al sabio.» Tales son las gentes bárbaras é inhumanas, ajenas á la vida civil y á las costumbres pacíficas. Y será siempre justo y conforme al derecho natural que tales gentes se sometan al imperio de príncipes y naciones más cultas y humanas, para que merced á sus virtudes y á la prudencia de sus leyes, depongan la barbarie y se reduzcan á vida más humana y al culto de la virtud. Y si rechazan tal imperio se les puede imponer por medio de las armas, y tal guerra será justa según el derecho natural lo declara. «Parece que la guerra nace en cierto modo de la naturaleza, puesto que una parte de ella es el arte de la caza, del cual conviene usar no solamente contra las bestias, sino también contra aquellos hombres que, habiendo na-

homines, qui cum sint ad parendum nati, imperium recusant: est enim hujusmodi bello natura justum» Hæc Aristoteles cui suffragatur Augustinus, qui sic ad Vicentium scribit: *¿Putas, inquit, neminem posse cogi ad justitiam? cum legas patrem familias dixisse servis: quoscumque inveneritis cogite intrare:* [54] et alio in loco: *Multa, inquit, sunt agenda etiam cum invitis quadam benigna asperitate plectendis, quorum potius utilitati consulendum est quam voluntati. Nam in corripiendo filium quantum libet aspere nunquam profecto paternus amor amittitur: fiat tamen quod nolit, doleat qui etiam invitus, dolore videtur sanandus. Ad summam probos viros virtute, intelligentia et humanitate præstantes disimilibus imperare, utrisque commodum esse constituunt et natura justum.*»

L.—Si prudentioribus et virtute præstantibus imperia debentur jure naturæ, fac Regnum Tunetense, exempli gratia (malo enim de impiis in calamitatis exemplo quam de nostris hominibus memorare), paterno et ætatis jure ad principem aliquem pervenisse, quos inter fratres minores natu et proceres alii longe prudentiores et virtute potiores, nonne horum quisque ex tua sententia jure optimo regnum sibi potius quam importuno illi principi deberi contendat?

D.—Si verum, Leopolde, quærimus, et quid ratio poscat ordinis naturalis, penes optimos et prudentissimos quosque semper esse debet imperium; nam regna quæ vere regna sunt, semper ab optimo et prudentissimo, bonum publicum spectante gubernantur, ut philosophi declarant. Quod diversa ratione fiat, regni nomen amittat. Respublica optimatum idcirco justissima est, et maxime naturalis quoniam

[54] Lucae 14.—23, 7, 4, nimium.

86

cido para obedecer, rehusan la servidumbre: tal guerra es justa por naturaleza.» Esto dice Aristóteles, y con él conviene San Agustín en su carta á Vincencio: «¿Piensas tú que nadie puede ser compelido á la justicia? ¿No has leído que el padre de familias dijo á sus siervos: obligad á entrar á todos los que encontréis?» Y en otro lugar añade: «Muchas cosas se han de hacer aún con los que se resisten: hay que tratarlos con cierta benigna aspereza, consultando la utilidad más bien que el gusto de ellos. Porque el padre que corrige á un hijo suyo, aunque lo haga ásperamente, no por eso pierde el amor paternal. Hágase lo que debe hacerse aunque á él le duela, porque este dolor es lo único que puede sanarle.» En suma: es justo, conveniente y conforme á la ley natural que los varones probos, inteligentes, virtuosos y humanos dominen sobre todos los que no tienen estas cualidades.

L.—Si por derecho natural ha de reservase el imperio á los hombres más prudentes y virtuosos, supón tú que el reino de Túnez (quiero buscar ejemplos de calamidades entre los infieles más bien que entre los nuestros) ha recaído por herencia paterna y por derecho de edad en un príncipe menos prudente y menos virtuoso que sus hermanos menores. ¿No crees tú, conforme á tu doctrina, que el reino debe darse al mejor de todos ellos y no al que menos vale?

D.—Si buscamos la verdad, oh Leopoldo, y atendemos puramente á lo que piden la razón y el orden natural, habremos de decir que la soberanía debía estar siempre en poder de los más sabios y prudentes, porque sólo es verdadero reino aquel que es gobernado siempre por hombres prudentísimos y amantes del bien público. Es doctrina de los filósofos; y añaden que cuando este orden se perturba, el reino debe perder el nombre de tal. Por eso la república de los *optimates* es la más justa y natural de

prudentissimi quique atque optimi, unde nomen accepit, imperium tenent. Sed non ea felicitas hominum est ut quæ optima sunt et commodissima semper ab hominibus recte et sine magnis incommodis fieri vel parari possint. Probos humores in humano corpore dominari magni interesse putant medici ad statum ejus naturalem et rectam valetudinem, et cum oppositum deterioribus et corruptis invalescentibus accidit, si qua ratio tuta est huic perversitati medendi, pravis humoribus minuendis, eam non prætermittunt, sed si periculum est, necdum hos extenuare nituntur, corpus totum labefactare, prudentes medici periculosas curationes omittunt, quod non ignorent talem humorum perversitatem pravam esse et præter naturam; sed quoniam satius esse constituunt hominem uti incommoda valetudine, quam funditus interire. Quam medicorum prudentiam providi mortales imitantur et regnis ægrotantibus, et quasi ex capite laborantibus tolerantur interdum, auctore Petro Apostolo, principes importuni, non quod non esset longe justius ac magis naturale ab optimo quoque gubernari, sed ne intestina bella et seditiones existant; quæ sunt majora mala, et faciunt ut illa bona esse videantur. Nam minus malum, ut philosophi testantur,[55] vicem habet boni. Unde Augustinus «*Tolerandi sunt*, inquit, *mali pro pace, nec corporaliter ab eis recedatur, sed spiritualiter, quod facere pertinet ad correctionem malorum, quantum licet pro gradu cujusque, salva pace.*»[56]

L.—Si causa vitandi calamitates præsenti statu quamvis incommodo reipublicæ contenti esse debemus, cur non eodem modo ab imperio barbarorum abstineamus, ne bella

[55] Æthic. 5.
[56] De verbis Domini. Habetur 27, q. 4. c. *Tolerandi.*

todas, porque allí los mejores y los más prudentes tienen el imperio, según lo manifiesta su propio nombre. Pero no es tal la felicidad de los hombres que siempre puedan hacerse sin grandes inconvenientes las cosas que son esencialmente mejores. De gran interés es, según los médicos, que los buenos humores dominen en el cuerpo humano, para que se conserve en su estado natural y en sana salud, y cuando sucede lo contrario y predominan los malos y corrompidos humores, no omiten ningún medio, si es que le hay, para remediar este desorden y purgar los humores malos; pero si hay peligro de que haciéndolo se ha de producir mayor trastorno en todo el cuerpo, los médicos se abstienen con prudencia de emprender tan peligrosa curación, no porque ignoren que tal perversión de humores es mala y contra naturaleza, sino porque prefieren que el hombre viva aunque sea con mala salud, y no que perezca totalmente. Y esta sabiduría de los médicos la imitan los varones prudentes, que cuando ven un reino enfermo en su misma cabeza, toleran no obstante á los príncipes injustos (como el apóstol San Pedro recomienda): no porque no sea más justo y más natural el gobierno de los mejores, sino para evitar guerras y sediciones que son males mucho mayores. Y el mal menor, como enseñan los filósofos, parece un bien, y le sustituye. Por eso dice San Agustín: «Se ha de tolerar á los malos por bien de paz, y no debemos apartarnos de ellos corporal, sino espiritualmente, y esto importa hacerlo para corrección de los malos en cuanto cabe y según el grado de cada uno, salva siempre la paz.»

L.—Si por evitar calamidades hemos de contentarnos con el estado presente de la república aunque sea incómodo, ¿por qué no hemos de abstenernos de igual modo del imperio de los bárbaros para evitar guerras y mayores

existant et maxima mala, et si bellum illud impium est, cur hoc turpe non habeatur?

D.—Quoniam longe diversa ratio est. Nam rex cum legibus patrioque more in imperium successit, quamvis improbus sit, et parum idoneus, non ob id tantum ferendum est, ne calamitates existant, si armis eum exigere aut mutare tentemus, sed etiam ne leges violemus quibus salus reipublicæ continetur, suscepto bello contra legitimum regem, quod est impium et nefarium. Primum quia fit sine principis auctoritate sine qua bellum justum esse non potest. Deinde quia contra leges moresque majorum quibus ad tollendas competitorum contentiones atque discordias quæ sæpe populares factiose distrahunt, pariuntque civilia bella ac interdum tyrannides, prudentissime placuit et magno consensu lege sancitum est ut semper ex certo genere quod maxime probarunt, hæreditario ac ætatis jure in regnum succederet, qui partim sua administrorumque prudentia, partim moribus patriis ac justis legibus populos et civitates gubernaret, quod evenit plerumque ex animi sententia, et reges prudentes ac justi, aut certe probabiles succedunt, ut apud Lacædemonios usu venisse ex uno Heraclidarum genere, sed multo magis apud Hispanos ex una *Pelagidarum* familia (si mihi permittis ita more meæ gentis *Pelagii* posteros appellare cui primo post cladem a. sarracenis et mauris illatam Hispaniæ regnum fuit a popularibus delatum). A quo tempore usque ad hanc memoriam quam *Carolus Rex* Hispaniæ, et idem romanorum Imperator, illustrat, per octingentos et amplius annos, *vix* unus aut alter in continua hujus familliæ succesione reperietur qui non possit merito inter probos reges

males, y si aquella guerra es impía, por qué esta otra no se ha de considerar como vergonzosa?

D.—Porque el caso es muy diverso. Cuando un rey ocupa el trono por el derecho que le dan las leyes y las costumbres de su patria, aunque sea malo y poco idóneo, no se le ha de sufrir tan sólo por evitar las calamidades que resultarían si por medio de las armas intentásemos derribarle, sino también por no violar las leyes, en las cuales la salud de la república consiste, emprendiendo guerra contra el legítimo rey, la cual es guerra impía y nefanda. Primero, porque se hace sin autoridad del príncipe, que es condición necesaria para la guerra justa; segundo, porque se hace contra las leyes y costumbres de los antepasados, los cuales, para evitar competencias y discordias que muchas veces dividen los pueblos en facciones y engendran la guerra civil y en ocasiones la tiranía, acordaron prudentísimamente y sancionaron con gran unanimidad en las leyes que la sucesión al reino fuese siempre conforme á cierto derecho hereditario y de edad, y que el príncipe así designado gobernase sus pueblos y sus ciudades, parte por su consejo propio y de sus ministros, parte con arreglo á las costumbres patrias y á leyes justas. Y casi siempre resultó lo que ellos pensaban; es, á saber: que reinasen príncipes prudentes y justos, ó á lo menos tolerables, como vemos que sucedió en Lacedemonia, dentro de la sola familia de los Heráclidas, y muchas más en España en la sola familia de los Pelágidas, si es que me permites designar con este nombre á los descendientes de Pelayo, el primero á quien después de la invasión y de los estragos de sarracenos y de moros eligieron sus compatriotas para el reino. Y desde este tiempo que ilustra nuestro rey Carlos, emperador de romanos, apenas en ochocientos años y más se encontrará en la continua sucesión de esta familia uno ó dos reyes que no

numerari. Si quando igitur regnum aliquod talis morbus invadat, quod Deus interdum propter peccata populorum permittit, puniendi gratia, rex importunus ferendus est; denique precandus ut ei bonam mentem præbeat, temeritatem auferat, ut quæ sua prudentia fortassis præstare nequit, hæc consilio optimorum et prudentissimorum virorum expediat, et patriis moribus de institutis administret. Ad summam ut leges [57] non prorsus rudes et barbaras mutari oportere negant philosophi sine magno et manifesto reipublicæ bono, etiam si meliores inveniantur: sic contra leges nihil faciendum est aut statuendum sine certissima et magna commoditate, nec sine principis aut reipublicæ decreto: sed potius incommodum tolerabile ferendum ob eamdem causam, scilicet ne si homines leges vel mutare, vel abrogare, vel præterire ob causam aliquam assuescant, vis legum, quæ salus est reipublicæ, quæque parendi consuetudine continetur, minuatur. Vide igitur quanti referat inter hoc barbarorum et illud bellum, si qua temeritate princeps parum idoneus armis impeteretur; illud sine auctoritate principis et contra principem legitimum susciperetur, hoc jussu ac voluntate principis geritur cum recte administratur; illud contra jusjurandum, contra leges et instituta moresque majorum cum maxima reipublicæ perturbatione fieret, hoc lege naturæ in magnam eorum qui vincuntur commoditatem ut a christianis humanitatem discant, virtutibus assuescant, sana doctrina, piisque monitis præparent animos ad religionem christianam, libenter excipiendam, quæ res quia fieri non possunt nisi accepto imperio, hac quoque ratione barbari hispanorum imperio

[57] Polit. 2.º

92

puedan ponerse entre los buenos. Y si alguna vez cae sobre un reino tal calamidad, que Dios permite á veces por los pecados de los pueblos y para castigarlos, primeramente ha de tolerarse el príncipe inicuo; después se ha de pedir á Dios que le dé un buen entendimiento y le quite la temeridad, para que lo que acaso no podría llevar á cabo con su prudencia propia, lo haga con el consejo de varones rectos y prudentes y sometiéndose á las costumbres é instituciones de su patria. En suma, así como los filósofos enseñan que cuando las leyes no son enteramente rudas y bárbaras no conviene alterarlas sin grande y manifiesto bien de la república, aunque se encuentren otras mejores, así contra las leyes nada se ha de hacer ó intentar sin un grande y muy positivo y muy seguro bien ni sin decreto del príncipe ó de la república; sino que conviene sufrir el mal menor para que los hombres no se acostumbren á cambiar, derogar ó desobedecer las leyes con cualquier pretexto, y de este modo venga á menoscabar la fuerza de la ley que es la salvación de la república y que se apoya en la costumbre de obedecer. Y la gran diferencia que hay entre esta guerra de los bárbaros y esta otra guerra en la cual temerariamente se toman las armas contra un príncipe poco idóneo, consiste en que aquella guerra se hace sin autoridad del príncipe y contra el príncipe legítimo, ésta por orden y voluntad del príncipe; aquella viola los juramentos, las leyes, las instituciones y costumbres de los mayores, con gran perturbación de la república, y ésta tiene por fin el cumplimiento de la ley natural para gran bien de los vencidos, para que aprendan de los cristianos la humanidad, para que se acostumbren á la virtud, para que con sana doctrina y piadosas enseñanzas preparen sus ánimos á recibir gustosamente la religión cristiana; y como esto no puede hacerse sino después de sometidos á nuestro imperio, los bárbaros

‚parere debent, et recusantes cogi possunt ad justitiam scilicet et probitatem. Auctore Augustino, cujus illud testimonium supra citavimus: «An putas inquit, neminem cogi posse ad justitiam, cum legas patremfamilias dixisse servis: quoscumque inveneritis cogite intrare?»[58]

L.—At in bello isto barbarico magnæ strages et interneciones hominum, ut res ipsa docet, consequuntur, quæ non minus in eorum causa valere debent ad tollenda bella quam inter nos in periculo civilium dissensionum.

D.—Imo vero multo minus quanti scilicet refert inter justum piumque bellum, et nefarias ac intestinas contentiones: hic enim sæpe innocentes injusto bello plectuntur, illic autem qui superantur et concidunt justis pœnis afficiuntur, quod non magnopere debet constantes fortes ac justos Principes deterrere, auctore Augustino, qui sic, ut dicebam, alloquitur Faustum. Quid enim culpatur in bello? An quia moriuntur quandoque morituri ut dominentur in pace victuri? Hoc reprehendere, timidorum est non religiosorum.»

L.—In bello justo, Democrates, vel te auctore non solum justa causa sed etiam bonus animus et recta belli gerendi ratio desideratur: hoc autem bellum barbarorum, ut audio, nec probo animo geritur, cum nihil aliud sit gerentibus propositum quam ut plurimum auri et argenti per fas et nefas lucrifaciant contra præceptum illud Augustini de quo meministi: [59] Militare inquit, non est delictum, sed propter prædam militare, peccatum est. Cui similis est Ambrosii sententia?: [60] «Qui occulto inquit, instinctu Dei ad malos persequendos incitantur cum prava intentione, non peccata delinquentium punire, sed illorum bona ra-

[58] Epist. ad Vincentium.
[59] Descr. Dm. et hétur. 23. q. l. *militare.*
[60] 23. q. 5. c. *remittitur* 5. *cum. ego.*

deben obedecer á los españoles, y cuando lo rehusen pueden ser compelidos á la justicia y á la probidad. Y esto se confirma con las palabras de San Agustín que antes citábamos: «¿Crees tú que nadie puede ser obligado á la justicia, cuando se lee que el padre de familias dijo a sus siervos: obligad á entrar á todos los que encontréis?»

L.—Pero de esta guerra de los bárbaros se siguen grandes estragos y matanzas de hombres, las cuales deben ser causa no menos suficiente para evitar la guerra, que lo es el peligro de la disensión interna en una república.

D.—Al contrario; el peligro es tanto menor cuanto mayor es la diferencia que va entre una guerra justa y piadosa y discordias nefandas é intestinas; porque en la guerra injusta pagan muchas veces los inocentes, y aquí, por el contrario, los que son vencidos sufren justa pena, lo cual no es razón que deba apartar de sus propósitos á los príncipes constantes, fuertes y justos, según el parecer de San Agustín, que habla así á Fausto: «¿Qué es lo que se culpa en la guerra? Que mueren alguna vez los que han de morir para que dominen en paz los que han de vencer. Reprender esto es de hombres tímidos y poco religiosos».

L.—Para que la guerra sea justa ¡oh Demócrates! se requiere según tu propia opinión, buen propósito y recta manera de obrar, pero esta guerra de los bárbaros, según tengo entendido, ni se hace con buena intención, puesto que los que la han emprendido no llevan más propósito que el de granjearse por fas ó por nefas la mayor cantidad posible de oro y de plata, contra el precepto de San Agustín que ya otra vez he citado: «La milicia no es delito; pero el militar por causa del botín es pecado». Muy semejante es el parecer de San Ambrosio: «Los que tolerándolo Dios por sus ocultos juicios se ocupan con mala intención en perseguir á los malos y delicuentes, no

pere, vel suæ ditioni subjicere, quærunt, non sunt immunes a crimine.» Itaque bellum Hispanis nec juste nec ratione, sed cum magna barbarorum injuria et crudelitate et in morem latrocinii administratur, ut res ablatas Hispani barbaris nihilominus restituere teneantur, quam latrones viatoribus spoliatis.

D.—Qui principis aut reipublicæ imperium in clientes ac subjectos morales, Leopolde, probat, is non statim præfectorum et administrorum peccata probare videndus est. Non igitur si quid avare, crudeliter et flagitiose ab injustis et pessimis hominibus factum est, ut multa facta esse audio, id Principis ac bonorum virorum causam facit deteriorem, præter quam si ipsorum negligentia et permissu flagitia perpetrentur, tum enim principes consentientes in eadem culpa sunt, qua ministri, eademque pœna Dei judicio plectendi. Scitum est enim et pium illud Innocentii Tertii: [61] «*Error cui non resistitur, approbatur. Negligere quippe cum possis perturbare perversos, nihil est aliud quam fovere, nec caret scrupulo societatis occultæ, qui manifesto facinori desinit obviare.*» Si bellum igitur, sic ut dixisti geritur, Leopolde, impie geritur, et flagitiose, et qui sic gerunt, in eos pene tamquam in latrones et plagiarios animadvertendum censeo. Parum est enim aut nihil justa facere, nisi eadem juste faciamus. Quod justum est, inquit Deus,[62] juste persequeris; sed nec ab omnibus sic bellum est administratum, si vera sunt quæ de rebus

[61] Dist. 18. c. *Error.*
[62] Deuter. 16.

para castigar sus pecados, sino para apoderarse de sus bienes y sujetarlos á su dominio, deben ser tenidos por criminales.» Y siendo así que esta guerra la hacen los españoles, no justa y racionalmente, sino con gran crueldad é injuria de los bárbaros, y á modo de latrocinio, es indudable que los españoles están obligados á restituir á los bárbaros las cosas que les han arrebatado, no menos que los ladrones las que quitan á los viajeros.

D.—El que aprueba ¡oh Leopoldo! el imperio de un príncipe ó de una república sobre sus clientes y súbditos, no por eso se ha de creer que aprueba los pecados de todos sus prefectos y ministros. Por tanto, si hombres injustos y malvados han dado muestras de avaricia, de crueldad y de cualquier género de vicios, de lo cual hay muchos ejemplos según he oído, nada de esto hace peor la causa del príncipe y de los hombres de bien, á no ser que por negligencia ó permiso de ellos se hayan perpetrado tales maldades, porque entonces los príncipes que las consienten incurren en la misma culpa que sus ministros, y con la misma pena serán castigados en el juicio de Dios. Piadosa y sabia es aquella sentencia de Inocencio III: «El error que no es resistido es aprobado, porque el descuidar el castigo de los perversos cuando está en nuestra mano, no es otra cosa que fomentarlos, y no puede dejar de sospecharse complicidad oculta en el que deja de oponerse á un delito manifiesto.» Si esa guerra, pues, se hace como tú has dicho ¡oh Leopoldo! diré siempre que es guerra impía y criminal, y que los que en ella toman parte deben ser castigados poco menos que como ladrones y plagiarios, porque de poco ó nada sirve obrar cosas justas cuando se obran injustamente. El mismo Dios lo ha dicho en el *Deuteronomio:* «Lo que es justo cúmplelo justamente.» Pero tampoco es cierto que todos hayan hecho la guerra de ese modo, si son verda-

gestis in recipienda Nova-Hispania commentariis quibusdam super a me perlectis memorantur; nec nos de moderatione aut scelere militum et præfectorum, sed de natura belli hujus ad justum Principem Hispaniarum, et justos Administros relati disputamus; quam hujusmodi esse dico, ut recte, juste, ac pie, et cum aliqua victricis gentis sed multo majore devictorum barbarorum commoditate geri posse videatur. Hæc est enim eorum natura ut parvo negotio et per paucorum cædem vinci possint ad deditionemque compelli. Cui officio si viri non modo fortes, sed justi etiam moderati et humani præficiantur, facile res sine ullo scelere aut crimine confici queat, et non nihil Hispanorum, ut dixi, sed multo magis pluribusque rationibus barbarorum commodis consulatur. Quod vero de rerum ablatarum restitutione memorabas, si bellum justis ex causis, et auctoritate Principis fuerit susceptum, quamvis improbo nec justitia sed prædæ studente animo geratur, quod non caret turpitudine et peccato; tamen magnis Theologis auctoribus [63] id vitium animi non facit, ut prædam alioquin juste ex hoste legitimo partam reddere miles teneatur, aut præfectus, non magis quam prætor avarus si lege sibi bona vindicaverit ejus, quem jure quidem, cupidissime tamen, pravoque animo damnasset crimine, quod sit bonorum publicatione sancitum. Non enim pravus, vel militis, vel judicis animus causa fuit, ut isti essent suis bonis mulctandi, sed quia ille dum injuste pugnaret, victus est; hic crimen admisit, quod per legem bonorum publicatione vindicatur. Maneat igitur, constitutumque sit sapientissimis viris auctoribus, viros pruden-

---

[63] S. Th. 2. 2. q. 66. a. 8. ad 1.

deras ciertas relaciones de la conquista de Nueva España que hace poco he leído; ni nosotros disputamos aquí de la moderación ni de la crueldad de los soldados y de los capitanes, sino de la naturaleza de esta guerra referida al justo príncipe de las Españas y á sus justos ministros; y de tal guerra digo que puede hacerse recta, justa y piadosamente y con alguna utilidad de la gente vencedora y mucho mayor todavía de los bárbaros vencidos. Porque tal es su naturaleza, que con poco trabajo y con muerte de pocos pueden ser vencidos y obligados á rendirse. Y si tal empresa se confiase á varones no sólo fuertes, sino también justos, moderados y humanos, fácilmente podría llevarse á cabo sin ninguna crueldad ni crimen alguno, y habrá ciertamente algún bien para los españoles, pero mucho mayor y por muchas razones para los mismos bárbaros, como antes indiqué. Y en lo que decías antes de la restitución de las cosas robadas, si la guerra se hace por justas causas y por legítima autoridad del príncipe, aunque la haga un malvado no cuidadoso de la justicia sino de la presa (lo cual no está exento de torpeza y pecado), creen, no obstante, los grandes teólogos que esta depravada voluntad del soldado no le obliga á restituir la presa adquirida legítimamente sobre el enemigo, así como tampoco está obligado á la restitución el pretor avaro que legalmente se ha apropiado los bienes de aquél a quien legalmente, si bien con ánimo codicioso y depravado, ha condenado á que su hacienda sea sacada á venta pública. Porque la causa de haber sido despojado de sus bienes no ha sido la perversa intención del soldado ni del juez, sino que en el primer caso ha sido vencido un enemigo que combatía por una causa injusta, y en el segundo, el reo había cometido un crimen que estaba penado con la confiscación de bienes.

Téngase, pues, por cierto é inconcuso, puesto que lo afirman sapientísimos autores, que es justo y natural que los

tes probos et humanos dissimilibus hominibus imperare justum esse et naturale; hanc enim causam habuere Romani, ut legitimo justoque imperio plerisque gentibus imperarent, auctore Augustino variis locis in *Opere De Civitate Dei,* quæ loca Thomas hanc sententiam sequutus in libro *De Regimine Principum* collegit. Quod cum ita sint, intelligis profecto, Leopolde, si modo nosti gentis utriusque mores et naturam, optimo jure Hispanos istos novi orbis et insularum adjacentium barbaris imperitare, qui prudentia, ingenio, virtute omni ac humanitate tam longe superantur ab Hispanis, quam pueri a perfecta ætate, mulieres a viris: sævi et immanes a mitissimis, prodigi et intemperantes a continentibus et temperatis, denique quam simiæ prope dixerim ab hominibus.

Neque vero te expectare puto, ut de prudentia et de ingenio Hispanorum commemorem, qui Lucanum, Silium Italicum, duos Senecas, ut opinor, legisti; et his posteriores Isidorum nemini in Theologia secundum, et in Philosophia præstantes Averroem et Avempacem: in Astrologia Regem Alphonsum ut reliquos taceam, quos longum esset recensere. Cæteras autem ipsorum virtutes quis ignorat? fortitudinem, humanitatem, justitiam, et religionem, loquor autem de Principibus, et his quorum opera et industria utuntur ad rempublicam administrandam; denique de iis qui sunt liberaliter educati: non enim si quidam eorum pravi sunt et injusti, idcirco istorum turpitudo gentis famæ debet officere, quæ in civilibus ac ingenuis hominibus et publicis moribus atque institutis spectari debet, non in mancipiorum similibus et depravatis hominibus quos ipsa

hombres prudentes, probos y humanos dominen sobre los que no lo son, y esta causa tuvieron los romanos para establecer su legítimo y justo imperio sobre muchas naciones, según dice San Agustín en varios lugares de su obra *De Civitate Dei*, los cuales cita y recoge Santo Tomás en su libro *De Regimine Principum*. Y siendo esto así, bien puedes comprender ¡oh Leopoldo! si es que conoces las costumbres y naturaleza de una y otra gente, que con perfecto derecho los españoles imperan sobre estos bárbaros del Nuevo Mundo é islas adyacentes, los cuales en prudencia, ingenio, virtud y humanidad son tan inferiores á los españoles como los niños á los adultos y las mujeres á los varones, habiendo entre ellos tanta diferencia como la que va de gentes fieras y crueles á gentes clementísimas, de los prodigiosamente intemperantes á los continentes y templados, y estoy por decir que de monos á hombres.

No esperarás de mí que haga al presente larga conmemoración de la prudencia é ingenio de los españoles; puesto que, según creo, has leído á Lucano, á Silio Itálico, á los dos Sénecas, y después de éstos á San Isidoro, no inferior á nadie en la teología, así como en la filosofía fueron excelentes Averroes y Avempace y en astronomía el Rey Alfonso, para omitir otros muchos que sería prolijo enumerar. ¿Y quién ignora las demás virtudes de nuestra gente, la fortaleza, la humanidad, la justicia, la religión? Hablo solamente de los príncipes y de aquellos de cuya industria y esfuerzo ellos se valen para administrar la república: hablo, en suma, de los que han recibido educación liberal; porque si algunos de ellos son malos é injustos, no por eso sus torpezas deben empañar la fama de su raza, la cual debe ser considerada en los hombres cultos y nobles y en las costumbres é instituciones públicas, no en los hombres depravados y se-

in primis natio odit ac detestatur: quamquam sunt virtutes quædam quæ in omni fere ordine conspiciuntur, ut fortitudo; cujus in omni fere memoria Hispanæ legiones documenta dederunt fidem hominum excedentia, ut olim Numantino bello, et iis quæ Viriato Sertorioque ducibus gesta sunt, cum magni Romanorum exercitus Hispanorum parva manu fusi sunt et sub jugum missi. Et patrum memoria, Duce Gonzalo Magno, et nostra *Caroli* auspiciis ad Mediolanum et Neapolim, tum ipso *Carolo* ducente ad Tunetem Africæ, et nuper in Belgico Gallicoque bello, quibus in locis Hispanæ cohortes specimen virtutis cum magna hominum admiratione præbuerunt.

Quid dicam de temperantia, qua cum in gula et venere versetur, nulla aut rarissima natio est in Europa, quæ possit cum Hispania frugalitate et sobrietate comparari? Quamquam his temporibus video exterorum commercio luxum epularum in procerum mensas irrepsisse, qui tamen cum vulgo a bonis viris improbetur, spes est fore, ut brevi pristina et innata parsimonia in patriam consuetudinem revocetur. Nam quod pertinet ad alteram temperantiæ partem, licet homines militares propensos esse ad venerem Philosophi tradant, illud tamen simile quiddam virtutis habet, ne in vitiis quidem et peccatis prorsus oblivisci naturæ. Religio vero Christiana quam insita sit Hispanorum mentibus, etiam eorum qui vivunt in armis, multa vidi clara documenta: sed illud mihi visum est permagnum, quod post Urbis Romæ direptionem *Cle-*

mejantes á siervos, á los cuales ésta nación, más que otra alguna, odia y detesta, aunque haya ciertas virtudes comunes á casi todas las clases de nuestro pueblo, como la fortaleza y el esfuerzo bélico, del cual las legiones españolas han dado en todo tiempo ejemplos que exceden á toda credulidad humana, como en otro tiempo en la guerra de Numancia y en aquellas que hicieron á las órdenes de Viriato y de Sertorio cuando grandes ejércitos romanos fueron deshechos y puestos bajo el yugo por pequeño número de españoles. Y en tiempo de nuestros padres, á las órdenes del Gran Capitán Gonzalo, y en este nuestro tiempo bajo los auspicios del César Carlos en Milán y en Nápoles, y dirigidos por el mismo Carlos en Túnez de África y ahora há poco en la guerra de Bélgica y de las Galias, en todas partes, en fin las cohortes españolas dieron muestras de su valor con gran admiración de los hombres. Y ¿qué diré de la templanza, así en la gula como en la lascivia, cuando apenas hay nación ninguna en Europa que pueda compararse con España en frugalidad y sobriedad? Y si bien en estos últimos tiempos veo que por el comercio con los extranjeros ha invadido el lujo las mesas de los grandes, sin embargo, como los hombres de bien reprueban esto, es de esperar que en breve tiempo se restablezca la prístina é innata parsimonia de las costumbres patrias. Y en lo que pertenece á la segunda parte de la templanza, aunque enseñan los filósofos que los hombres belicosos son muy aficionados á los placeres de Venus, todavía los nuestros, ni aun en sus propios vicios y pecados, suelen ir contra las leyes de la naturaleza. Cuán arraigada está la religión cristiana en las almas de los españoles, aun de aquellos que viven entre el tumulto de las armas, lo he visto en muchos y clarísimos ejemplos, y entre ellos me ha parecido el mayor el que después del saco de Roma en el pontificado de

mentis Septimi Pontificatu in magna consequuta pene nemo inventus est ex iis, quos pestis abstulit, Hispanorum, quin ablata cuncta civibus spoliatis testamento restitui mandaverit, nemo alterius nationis, quod equidem sciam, qui hoc offlcium ex Christiana religione præstiterit; et erant Itali, Germanique longe plures, et ego qui exercitum sequebar, cuncta diligenter perquirens, notavi. Cujus facti memini nos in congressu illo Vaticano memorasse. Nam quid ego de ipsorum mansuetudine et humanitate loquar? quorum in præliis parta victoria nulla major sollicitudo et cura est, quam quomodo victos quam plurimos servare possint, et a sociorum truculentia vindicare.

Confer nunc cum horum virorum prudentia, ingenio, magnitudine animi, temperantia, humanitate et religione homunculos illos in quibus vix reperies humanitatis vestigia, qui non modo nullam habent doctrinam, sed nec literis utuntur, aut noverunt, nulla retinent rerum gestarum monumenta, præter tenuem quamdam et obscuram nonnullarum rerum memoriam picturis quibusdam consignatam, nullas leges scriptas, sed instituta quædam et mores barbaros. Nam de virtutibus, si temperantiam et mansuetudinem quæras, quid ab iis sperare liceret, qui erant in omne genus intemperantiæ et nefarias libidines profusi? et vescebantur carnibus humanis, et bella, quibus inter se pene continenter agitabantur (ne putes eos ante Christianorum adventum in otio et saturnia poetarum pace vixisse) tanta rabie gerebant ut victoriam nullam putarent nisi carnibus hostium prodigiosam famem explerent; quæ immanitas hoc est etiam in ipsis magis portento similis, quo longius absunt ab invicta Scytharum, qui et ipsi cor-

Clemente VII, apenas hubo español ninguno entre los que murieron de la peste que no mandase en su testamento restituir todos los bienes robados á los ciudadanos romanos; y ninguno de otra nación, que yo sepa, cumplió con este deber de la religión cristiana, y eso que había muchos más italianos y alemanes; y yo que seguía al ejército lo noté todo puntualmente. Ya creo que hablamos de este hecho en nuestro coloquio del Vaticano. Y ¿qué diré de la mansedumbre y humanidad de los nuestros, que aun en las batallas, después de conseguida la victoria, ponen su mayor solicitud y cuidado en salvar el mayor número posible de los vencidos y ponerlos á cubierto de la crueldad de sus aliados?

Compara ahora estas dotes de prudencia, ingenio, magnanimidad, templanza, humanidad y religión, con las que tienen esos hombrecillos en los cuales apenas encontrarás vestigios de humanidad; que no sólo no poseen ciencia alguna, sino que ni siquiera conocen las letras ni conservan ningún monumento de su historia sino cierta obscura y vaga reminiscencia de algunas cosas consignadas en ciertas pinturas, y tampoco tienen leyes escritas, sino instituciones y costumbres bárbaras. Pues si tratamos de las virtudes, qué templanza ni qué mansedumbre vas á esperar de hombres que estaban entregados á todo género de intemperancia y de nefandas liviandades, y comían carne humana? Y no vayas á creer que antes de la llegada de los cristianos vivían en aquel pacífico reino de Saturno que fingieron los poetas, sino que por el contrario se hacían continua y ferozmente la guerra unos á otros con tanta rabia, que juzgaban de ningún precio la victoria si no saciaban su hambre monstruosa con las carnes de sus enemigos, ferocidad que entre ellos es tanto más portentosa cuanto más distan de la invencible fiereza de los escitas, que también se alimentaban de los cuerpos

105

poribus humanis vescebantur, feritate, cum sint adeo ignavi et timidi ut vix nostrorum hostilem aspectum ferre possint, et sæpe ipsorum multa millia perpaucis Hispanis ne centum quidem numerum explentibus cesserint muliebri fuga dissipati. Sed ne te diutius hoc in loco teneam, naturam et dignitatem istorum hominum ex uno facto et exemplo Mexicanorum qui prudentissimi et fortissimi habebantur cognosce. Horum Rex Mutezuma, cujus imperium longe lateque patebat in illis regionibus, et urbem Mexicum incolebat in vasta palude sitam loci natura et opere munitissimam, Venetiis similem ut perhibent, sed hominum multitudine et loci magnitudine tribus circiter partibus ampliorem. Is cum de Ferdinandi Cortesii adventu et victoriis quibusdam cognovisset, volentem ad se per speciem colloquii Mexicum venire, ab eo consilio, cunctis rationibus avertere suadendo nitebatur, sed cum nihil illatis causis profecisset, timore perterritus ipsum cum Hispanorum manu trecentorum numerum non explente, in urbem recepit. Cortesius autem ad hunc modum urbe potitus,[64] tantopere contempsit hominum ignaviam, inertiam et ruditatem, ut terrore injecto non solum coegerit Regem et subjectos ei principes jugum et imperium Hispanorum Regis accipere, sed Regem ipsum propter suspicionem conscientiæ patratæ in quadam ejus provincia quorumdam Hispanorum necis, in vincula conjecerit, oppidanis stupore et ignavia quiescentibus, et nihil minus quam sumptis armis ad Regem liberandum conspirantibus. Itaque Cortesius, vir quidem, ut multis in locis ostendit, magno tum animo, tum etiam consilio, tam immensam multitudinem, tamquam etiam communi sensu, non modo industria et solertia careret, tantulo in Hispanorum et paucorum indigenarum

[64] Ms. *portius.*

humanos, siendo por lo demás estos indios tan cobardes y tímidos, que apenas pueden resistir la presencia de nuestros soldados, y muchas veces, miles y miles de ellos se han dispersado huyendo como mujeres delante de muy pocos españoles, que no llegaban ni siquiera al número de ciento. Y para no dilatarme más en esto, puede bastar para conocer la índole y dignidad de estos hombres, el solo hecho y ejemplo de los mejicanos que eran tenidos por los más prudentes, cultos y poderosos de todos. Era rey de ellos Moctezuma, cuyo imperio se extendía larga y anchamente por aquellas regiones, y habitaba la ciudad de Méjico, situada en una vasta laguna, ciudad fortísima por su situación y por sus muros, semejante a Venecia según dicen, pero casi tres veces mayor, tanto en extensión como en población. Este pues, habiendo tenido noticia de la llegada de Hernán Cortés y de sus victorias, y de la voluntad que tenía de ir á Méjico á tener con él un coloquio, procuró con todo género de razones apartarle de tal propósito, y no pudiendo conseguirlo, lleno de terror le recibió en su ciudad con un escaso número de españoles que no pasaba de trescientos. Habiendo ocupado Cortés la ciudad de este modo, hizo tanto desprecio de la cobardía, inercia y rudeza de estos hombres, que no sólo obligó por medio del terror al rey y á los príncipes que le estaban sujetos á recibir el yugo y señorío de los reyes de España, sino que al mismo rey Moctezuma, por sospechas que tuvo de que en cierta provincia había tramado la muerte de algunos españoles, le puso en la cárcel, llenándose los ciudadanos de terror y sobresalto, pero sin atreverse siquiera á tomar las armas para libertar á su rey. Y así Cortés, varón como en muchas ocasiones lo demostró, de gran fortaleza de ánimo y de no menos prudente consejo, tuvo oprimida y temerosa durante muchos días con el solo auxilio de los españoles y de unos pocos

præsidio oppresam diu trepidantemque inter initia tenuit. Potuitne majori aut potiori documento, quid homines hominibus, ingenio, industria, robore animi, ac virtute præstarent, declarari? ¿Et quod illi sint natura servi demonstrari? Nam quod eorum nonnulli ingeniosi esse videntur ad artificia quædam, nullum est id prudentiæ humanioris argumentum, cum bestiolas quasdam opera fabricare videamus, et apes et araneas, quæ nulla humana industria satis queat imitari. Quod vero quidam de civili vivendi ratione, qui novam Hispaniam Mexicanamque provinciam incolunt, hi enim ut dixi, cunctorum habentur humanissimi, seque ipsorum publicis institutis jactant, quasi non parum præferant vel industriæ vel humanitatis qui urbes teneant ratione ædificatas, et Reges habeant, quibus non generis et ætatis jure, sed popularium suffragio regna deferantur, et commercia exerceant more gentium humanarum. Vide quam longe isti fallantur, quantumque ego dissentiam ab eorum opinione qui nihil esse certum habeo, quod magis illorum hominum ruditatem barbariem et insitam servitutem declaret quam publicando ipsorum instituta. Nam quod domos habeant et aliquam in communi vivendi rationem, et commercia, quæ necessitas naturalis inducit, hoc quid habet argumenti, nisi eos, non esse ursos, aut simias, rationis penitus expertes? Quod vero sic habent institutam Rempublicam, ut nihil cuiquam suum sit, non domus, non ager, quem vel distrahere possit, vel cui velit ex testamento relinquere, cuncta enim sunt in potestate dominorum qui alieno nomine *reges* appellantur; quod non tam suo quam Regum arbitrio vivant, horum voluntati, ac libidini, non suæ libertati studeant, et cuncta hæc faciant non vi et armis oppressi, sed volentes ac sponte

indígenas á una multitud tan inmensa, pero que carecía de sentido común, no ya de industria y prudencia, ¿Puede darse mayor ó más fehaciente testimonio de lo mucho que unos hombres aventajan á otros en ingenio, fortaleza de ánimo y valor, y de que tales gentes son siervos por naturaleza? Pues aunque algunos de ellos demuestran cierto ingenio para algunas obras de artificio, no es éste argumento de prudencia humana, puesto que vemos á las bestias, y á las aves, y á las arañas hacer ciertas obras que ninguna industria humana puede imitar cumplidamente. Y por lo que toca al modo de vivir de los que habitan la Nueva España y la provincia de Méjico, ya he dicho que á éstos se les considera como los más civilizados de todos, y ellos mismos se jactan de sus instituciones públicas, porque tienen ciudades racionalmente edificadas y reyes no hereditarios, sino elegidos por sufragio popular, y ejercen entre sí el comercio al modo de las gentes cultas. Pero mira cuánto se engañan y cuánto disiento yo de semejante opinión, viendo al contrario en esas mismas instituciones una prueba de la rudeza, barbarie é innata servidumbre de estos hombres. Porque el tener casas y algún modo racional de vivir y algunas especie de comercio, es cosa á que la misma necesidad natural induce, y sólo sirve para probar que no son osos, ni monos, y que no carecen totalmente de razón. Pero por otro lado tienen de tal modo establecida su república, que nadie posee individualmente cosa alguna, ni una casa, ni un campo de que pueda disponer ni dejar en testamento á sus herederos, porque todo está en poder de sus señores que con impropio nombre llaman reyes, á cuyo arbitrio viven más que al suyo propio, atenidos á su voluntad y capricho y no á su libertad, y el hacer todo esto no oprimidos por la fuerza de las armas, sino de un modo voluntario y espontáneo es señal certísima

sua, certissima signa sunt barbari, demissi ac servilis animi. Ágri enim et prædia, sic erant distributa, ut una pars esset attributa Regi, altera publicis muneribus ac sacrificiis, tertia ad singulorum usus sed ita ut iidem regios et publicos agros colerent, iidem ex viritim ad Regis voluntatem traditis et quasi conductis viverent, et tributa penderent, patre autem decedente omnium patrimonium, nisi aliter visum esset Regi, filius natu maximus exciperet, quo fieri necesse erat, ut inopia quam plurimi laborarent, et hac quoque ratione duriore servitutis conditione quidam uti cogerentur, qui egestate coacti Regulos adibant et agellos hac conditione petebant, et impetrabant, ut non solum annuam pensionem tribuerent, sed ipsi quoque jure mancipiorum, cum opera posceretur, essent obligati: quam reipublicæ rationem servilem et barbaram, nisi esset eorum ingenio naturæque conveniens, facile eis erat, decedente Rege, cui nemo jure hæreditario succedebat, in liberiorem, potiorem, magisque liberalem statum mutare; quod cum facere negligerent, declarabant se ad servitutem natos esse, non ad vitam civilem et liberalem. Itaque si hos non modo in ditionem, sed etiam in paulo mitiorem servitutem redigere velis, nihil gravius in eos statuas, quam ut dominos mutare cogantur, et pro barbaris, impiis et inhumanis Christianos accipiant, humaniorum virtutum et veræ religionis cultores. Tales igitur ingenio ac moribus homunculos ut esse, ac certe ante Hispanorum adventum fuisse scimus, tam barbaros, tam incultos, tam inhumanos; necdum tamen de impia ipsorum religione verba fecimus, et nefariis sacrificiis; qui cum dæmonem pro Deo colerent, hunc nullis sacrificiis æque placari putabant ac cordibus

del ánimo servil y abatido de estos bárbaros. Ellos tenían distribuídos los campos y los predios de tal modo, que una parte correspondía al rey, otra á los sacrificios y fiestas públicas, y solo la tercera parte estaba reservada para el aprovechamiento de cada cual, pero todo esto se hacía de tal modo que ellos mismos cultivaban los campos regios y los campos públicos y vivían como asalariados por el rey y á merced suya, pagando crecidísimos tributos. Y cuando llegaba á morir el padre, todo su patrimonio, si el rey no determinaba otra cosa, pasaba entero al hijo mayor, por lo cual era preciso que muchos pereciesen de hambre ó se viesen forzados á una servidumbre todavía más dura, puesto que acudían á los reyezuelos y les pedían un campo con la condición no sólo de pagar un canon anual, sino de obligarse ellos mismos al trabajo de esclavos cuando fuera preciso. Y si este modo de república servil y bárbara no hubiese sido acomodado á su índole y naturaleza, fácil les hubiera sido, no siendo la monarquía hereditaria, aprovechar la muerte de un rey para obtener un estado más libre y más favorable á sus intereses, y al dejar de hacerlo, bien declaraban con esto haber nacido para la servidumbre y no para la vida civil y liberal. Por tanto si quieres reducirlos, no digo á nuestra dominación, sino á una servidumbre un poco más blanda, no les ha de ser muy gravoso el mudar de señores, y en vez de los que tenían, bárbaros, impíos é inhumanos, aceptar á los cristianos, cultivadores de las virtudes humanas y de la verdadera religión. Tales son en suma la índole y costumbres de estos hombrecillos tan bárbaros, incultos é inhumanos, y sabemos que así eran antes de la venida de los españoles; y eso que todavía no hemos hablado de su impía religión y de los nefandos sacrificios en que veneran como Dios al demonio, á quien no creían tributar ofrenda mejor que

111

humanis. Quod quamquam verissimum est, si sanas et pias hominum mentes intelligas, isti tamen dictum non ad vivificantem spiritum, ut verbis utar Pauli,[65] sed ad occidentem litteram referentes et stultissime ac barbare interpretantes, victimis humanis litandum putabant, et hominum pectoribus ereptis corda divellebant, et his ad nefandas aras oblatis, rite sese litasse, Deosque placasse putabant, ipsique mactatorum hominum carnibus vescebantur. Quæ scelera cum omnem humanam pravitatem excedant, inter fera et immania flagitia a Christianis,[66] numerantur. Has igitur gentes tam incultas, tam barbaras, tam flagitiosas, et cunctis sceleribus et impiis religionibus contaminatas, dubitabimus ab optimo, pio, justissimoque Rege, qualis et *Ferdinandus* fuit et nunc est *Carolus* Cæsar, et ab humanissima et omni virtutum genere præstante natione jure optimo fuisse in ditionem redactas?

Secunda causa justi belli in barbaros. Quæ peccata, flagitia et impietas barbarorum tam nefaria sunt odiosaque Deo ut his potissimum sceleribus offensus mortales omnes, Noe et perpaucis innocentibus exceptis, universali diluvio delevisse memoretur. Nam quod est in Scriptura Sacra: [67] «corrupta est terra coram Deo, et repleta est iniquitate» explicans Scriptor vetustissimus Berosus nomine, sic est enim titulus libelli: «Manducabant inquit, homines, procurabant abortus, eduliumque præparabant et commiscebantur matribus, filiabus, sororibus, masculis et brutis. Deinde ob ea scelera maximam illam alluvionem consecutam fuisse commemorat. Nam illud ipsa Scriptura Sacra[68] manifesto testatur propter nefandum libidinis flagitium sulfure ac igne divinitus e cœlo demisso, Sodomam

---

65 2 Cor. 3.
66 Ms. *aptus* desfiguración de *xpnis*.
67 Gen. 6.
68 Gen. 19.

corazones humanos. Y aunque esto pueda recibir sana y piadosa interpretación, ellos se atenían no al espíritu que vivifica (según las palabras de San Pablo), sino á la letra que mata, y entendiendo las cosas de un modo necio y bárbaro, sacrificaban víctimas humanas, y arrancaban los corazones de los pechos humanos, y los ofrecían en sus nefandas aras, y con esto creían haber aplacado á sus dioses conforme al rito, y ellos mismos se alimentaban con las carnes de los hombres sacrificados. Estas maldades exceden de tal modo toda la perversidad humana, que los cristianos las cuentan entre los más feroces y abominables crímenes. ¿Cómo hemos de dudar que estas gentes tan incultas, tan bárbaras, contaminadas con tantas impiedades y torpezas han sido justamente conquistadas por tan excelente, piadoso y justísimo rey como lo fué Fernando el Católico y lo es ahora el César Carlos, y por una nación humanísima y excelente en todo género de virtudes?

La segunda causa que justifica la guerra contra los bárbaros es que sus pecados, impiedades y torpezas son tan nefandos y tan aborrecidos por Dios, que ofendido principalmente con ellos, destruyó con el diluvio universal á todos los mortales exceptuando á Noé y á unos pocos inocentes. Porque aquellas palabras, de la Sagrada Escritura: «Corrompióse toda la tierra delante del Señor y llenóse de iniquidad», las explica de esta manera un escritor antiquísimo llamado Beroso: «Eran antropófagos, procuraban el aborto, y se juntaban carnalmente con sus madres, hijas, hermanas y con hombres y con brutos.» Y añade que por estos crímenes vino aquella universal inundación. Y la misma Sagrada Escritura claramente manifiesta que por el pecado de torpeza nefanda cayó del cielo fuego y azufre y destruyó á Sodoma y á Gomorra y á toda la región circunvecina y á todos los habitantes

113

et Gomorrham omnemque circa regionem et universos habitatores urbium præter Loth cum paucissimis domesticis justis ad internecionem fuisse deletos. Jam vero Chananæos, Amorrhæos, et Pherezæos Judæis auctore Deo bello severissimo persequendi, et ad internecionem etiam jumentorum et pecorum procedendi causa justa; [69] nisi ab his sceleribus et maxime omnium ab idolorum cultu profecta est.» Omnia, inquit, hæc abominatur Dominus et propter istiusmodi scelera delebo eos in introitu tuo.[70] Et alio in loco: «Si populus, inquit terræ negligens, et quasi parvi pendens imperium meum dimiserit hominem, qui dederit de semine Moloch, id est qui fuerit cultor idolorum, nec voluerit eum occidere, ponam faciem meam super hominem illum et cognationem ejus, succidam ipsum et omnes qui consenserint ei; ut fornicaretur cum Moloch de medio populi sui.» Simile his est quod in Deuteronomio in detestationem cultus idolorum habetur. «Si audieris, inquit in una urbium tuarum dicentes aliquos, egressi sunt filii Belial de medio tui et averterunt habitatores urbis tuæ, atque dixerunt, eamus et serviamus diis alienis, quos ignoratis; quare sollicite et diligenter rei veritate perspecta, si inveneris certum esse, quod dicitur, et abominationem hanc opere perpetratam, statim percuties habitatores urbis illius in ore gladii, et delebis eam, omniaque quæ in eis sunt usque ad pecora.»[71] Hujus præcepti et rigoris memor Mathatias interfecit eum qui ad *aram* sacrificaturus accesserat, ut est in Machabæorum libro.

Igitur Dei maximis clarissimisque indiciis magna de istorum barbarorum internecione præindicia facta fuisse videri possunt. Nec desunt doctissimi Theologi, multumque in sacra Theologia versati, qui cum sententiam illam, et

[69] Deut. 18.
[70] Levit. 20.
[71] Deut. 17.

de aquellas ciudades, á excepción de Lot con unos pocos criados justos. Y á los judíos intimó el Señor que persiguiesen con guerra severísima á los Cananeos, Amorreos y Fereceos y los exterminasen á todos con sus jumentos y sus rebaños. ¿Por qué pudo ser esta condenación sino por los crímenes antedichos y principalmente por el culto de los ídolos? Todos estos crímenes, dice, los aborrece el Señor y por ellos los destruiré en tu entrada: y en otro lugar añade: «Si el pueblo por negligencia y como menospreciando mis preceptos dejare en libertad algún hombre que haya hecho ofrenda de la semilla de Moloch, esto es, que haya sido adorador de los ídolos, y no quisiere matarle, pondré mi faz sobre aquel hombre y sobre su parentela, y le mataré á él y á todos los que hayan consentido con él para que fornicase con Moloch en medio de su pueblo.» Semejante á estas palabras con otras que se leen en el *Deuteronomio* en detestación de los ídolos: «Si oyeres decir á alguien en una de tus ciudades que han salido hijos de Belial en medio de tu pueblo y han pervertido á los habitadores de tu ciudad, y han dicho: vayamos y sirvamos á los dioses ajenos que ignoráis, inquiere solícito y diligente la verdad, y si encontrares que es cierto lo que se dice y que ha sido perpetrada tal abominación, herirás en seguida á los habitantes de aquella ciudad con el filo de la espada y la destruirás con todo lo que en ella hay, hasta las bestias.» Acordándose de este riguroso precepto degolló Matatías á aquél que se había acercado al ara para sacrificar, según leemos en el libro de los *Macabeos*.

Podemos creer, pues, que Dios ha dado grandes y clarísimos indicios respecto del exterminio de estos bárbaros. Y no faltan doctísimos teólogos que fundándose en que aquella sentencia dada ya contra los judíos prevaricadores, ya contra los Cananeos y Amorreos y demás gen-

legem tum in Judæos prævaricatores, tum in Chananæos et Amorrhæos ac cæteros ethnicos idolorum cultores latam, non solum divinam, sed etiam naturalem esse constet, ac proinde non ad Judæos tantum, sed etiam ad Christianos pertinere, christianis contendant barbaros istos nefariis sceleribus et impio deorum cultu contaminatos, non solum imperio premere, et sic ad sanitatem et veram religionem convenientibus rationibus per evangelicam prædicationem compellere permissum esse; sed bello etiam persequi paulo severiori. Cui sententiæ suffragatur Cyprianus, qui citato illo Deuteronomii loco et aliis, adjecit: «Quod si ante adventum Christi circa Deum colendum et idola spernenda hæc præcepta servata sunt, quanto magis post adventum Christi servanda, quando ille veniens non tantum verbis nos hortatus est, sed etiam factis.»[72]

L.—Quid igitur aliis magni nominis Theologis[73] in mentem venit, negare Christianis Principibus esse permissum, ut paganos in deditionem redigant, si qui reperientur regiones inhabitantes, quo numquam imperium Romanorum, nec Christi nomen penetravit? Infidelitas enim ut ipsi loquuntur, non satis habet causam, ut bellum citra injuriam inferatur, et infideles bonis suis spolientur.

D.—Pagani, Leopolde, qui nihil aliud pejus sunt, quam pagani, et quibus nihil objici potest, nisi quod non sunt Christiani, quæ infidelitas nominatur, nulla causa est, qua juste possint Christianorum armis puniri et insectari, ut si qua gens in orbe novo reperiretur culta, civilis et humana, non idolorum cultrix, sed quæ Deum verum duce natura veneratur, quæque sine lege ea quæ legis sunt, ut verbis utar Pauli[74] naturaliter faceret, nec tamen lege uteretur Evangelica, nec haberet fidem Christi, ut hac

72 Lib. exhort. ad martyr. Habetur 23. q. 5. c. *Si audieris.*
73 Cajetan., in. 2. 2. q. 66. a. 8.
74 Rom. 2.

tiles adoradores de los ídolos, es no sólo ley divina, sino natural también que obliga no sólo á los judíos, sino también á los cristianos, sostienen que á estos bárbaros contaminados con torpezas nefandas y con el impío culto de los dioses, no sólo es lícito someterlos á nuestra dominación para traerlos á la salud espiritual y á la verdadera religión por medio de la predicación evangélica, sino que se los puede castigar con guerra todavía más severa. Con este parecer se conforma San Cipriano, el cual citando aquel lugar del *Deuteronomio* y otros semejantes añade: «Si antes de la venida de Cristo se han observado estos preceptos sobre el culto divino y en reprobación de la idolatría, ¿cuánto más deberán observarse después de la venida de Cristo, cuando él nos ha exhortado, no solamente con palabra, sino también con obras?»

L.—¿Cómo han podido, pues, otros teólogos de gran nombre negar á los príncipes cristianos la facultad de someter á su dominio á los paganos que habitan aquellas regiones donde nunca ha llegado á penetrar el imperio de los romanos ni el nombre de Cristo? Ellos dicen que la infidelidad no es bastante causa para hacer guerra á los infieles ni para despojarlos de sus bienes sin evidente injusticia.

D.—Cuando los paganos no son más que paganos y no se les puede echar en cara otra cosa sino el no ser cristianos, que es lo que llamamos infidelidad, no hay justa causa para castigarlos ni para atacarlos con las armas: de tal modo, que si se encontrase en el Nuevo Mundo alguna gente culta, civilizada y humana que no adorase los ídolos, sino al Dios verdadero, según la ley de naturaleza, y para valerme de las palabras de San Pablo, hiciera naturalmente y sin ley las cosas que son de la ley, aunque no conociesen el Evangelio ni tuviesen la fe de Cristo, parece que contra estas gentes sería ilícita la guerra,

117

ratione debeat infidelis nominari, hujusmodi ergo gentibus istud recentiorum Theologorum, quos citasti, decretum videri potest in causa belli suffragari ut propter nullam infidelitatis culpam jure possint, puniendi gratia a Christianis Principibus illatis armis oppugnari; sed ut sacris historiis nullam gentem, ut ipsi affirmant, legimus propter solam infidelitatem jussu Dei fuisse concisam et debellatam, sic multas novimus propter flagitia auctore Deo funditus corruisse, ut propter nefandam libidinem, Sodomam et Gomorram; et cum propter hæc et alia scelera, tum propter idolorum cultum, Chananæos, Amorrhæos et Pherezeos, ut supra docuimus, et potest multis aliis testimoniis confirmari. «Per scientes, inquit Ambrosius, peccata puniuntur, sicut Deus per filios Israel voluit peccata Amorrhæorum et aliarum gentium, quarum terram Israelitis possidendam dedit et Deus ipse: *Ne polluamini, ait, in omnibus his, quibus contaminatæ sunt universæ gentes, quas ego ejiciam ante conspectum vestrum, et quibus polluta est terra, cui ego scelera visitabo, ut evomat habitatores suos;* et paulo post, «omnes, inquit, *execrationes istas fecerunt accolæ terræ, qui fuerunt ante vos, et polluerunt eam.*[75] *Cavete ne vos similiter evomat, cum paria feceritis, sicut evomuit gentem quæ fuit ante vos.*»[76] Quibus verbis Deus aperte docet illa scelera, quorum maximum erat idolorum cultus proinde in homine pio atque pagano esse vindicanda. Quod apertis etiam subjectis verbis declarat. Quæ flagitia et impietatem esse christianis etiam temporibus eisdem pœnis vindicanda, testatur Cyprianus, auctor gravissimus, cujus verba supra memoravimus: «Quod si ante adventum Christi circa Deum colendum, et idola spernenda hæc præcepta servata sunt, inquit, quanto magis post adventum Christi

[75] 23 q. 5. c. *remittuntur.*
[76] Lev. 18.

118

y en esto tienen razón los teólogos que antes citaste cuando dicen que no basta la infidelidad para que los príncipes cristianos lleven sus armas contra los que viven en ella; y en las Sagradas Historias no leemos de ninguna nación que haya sido destruída de mandato divino por la sola causa de infidelidad, al paso que vemos que muchas lo fueron por nefandas torpezas como Sodoma y Gomorra, y por estos y otros delitos y también por el culto de los ídolos, los Cananeos, Amorreos y Fereceos, según antes hemos advertido y puede comprobarse con muchos testimonios. «Quiso Dios, dice San Ambrosio, castigar por medio de los hijos de Israel los pecados de los Amorreos y de otras gentes, y dió la posesión de su tierra á los israelistas, y dijo al mismo Dios: No os contaminéis con todas aquellas torpezas con que se han contaminado todas las gentes, las cuales yo arrojaré delante de vuestra presencia, porque con ellas se ha manchado la tierra, y yo visitaré sus maldades para que vomite á sus habitadores»; y poco después añade: «Todas estas execraciones hicieron los que habitaron esta tierra antes de vosotros y la contaminaron. Guardáos de hacer lo mismo que ellos porque os arrojará de sí como arrojó á la gente que hubo antes que vosotros.» Con estas palabras dió á entender claramente Dios que aquellos delitos, entre los cuales era el mayor el culto de los ídolos, debían ser castigados igualmente en el hombre fiel y en el pagano; y todavía más claramente lo indica en las palabras que luego añade. Y que tales abominaciones é impiedades deben ser castigadas con las mismas penas aun en los tiempos cristianos lo atestigua Cipriano, autor gravísimo, cuyas palabras hemos recordado antes. Y si antes de la llegada de Cristo se observaban estos preceptos acerca del culto de Dios y el desprecio de los ídolos, ¿cuánto más deberán observarse después de la venida de Cristo, puesto que él nos ha exhortado no

119

servanda, quando ille veniens, non tantum verbis nos hortatus est sed etiam factis?» Et Augustinus: [77] «Si ea, inquit, quibus Deus vehementer ostenditur, insequi vel ulcisci differamus ad irascendum, utique divinitatis patientiam provocamus; constat enim Deum nulla re magis offendi quam idolorum cultu ut Deus ipse declaravit, quod ob id scelus ut est in Exodo jussit ut unusquisque fratrem et amicum et proximum interficeret, quo facto a Levitis: *Consecrastis,* inquit Moyses, *manus vestras hodie Domino, unusquisque in filio et fratre suo, ut detur vobis benedictio.* Unde etiam, omnis, inquit, anima quæ fecerit de abominationibus his quidpiam, peribit de medio populi sui. Unde Constantini religiosi ac justissimi principis lex in Paganorum sacrificia i. e. in cultum idolorum manavit, constituta pœna capitali et bonorum publicatione non solum impia sacrificia patrantibus, sed etiam provinciarum præfectis, si crimen vindicare neglexissent, quam legem Augustinus ab hæreticis et non modo a piis christianis omnibus probatam et laudatam fuisse conmemorat.[78] An ne putas, hæc quæ lege divina et naturali sancita sunt in eos dumtaxat paganos licere, qui jure sint imperio Christianorum subjecti? quod affirmare hominis est, ad lucem meridianam adlucinantis. Gregorius, vir sapientissimus et reliogiosissimus Gennadium hexarchum Africæ per epistolam laudat quod paganos religionis causa bello persequeretur, scilicet ut idolorum cultu sublato Christiana pietas dilataretur, non enim in pacatos et populo Romano subjectos bellum gerebat. Non igitur temere, sed magna ratione a viris eruditissimis traditum est, satis esse causæ cur jure Christiani auctore Pontifice Maximo [79] paganos punire, belloque persequi possent, si

[77] Epist. ad Vincent. habetur 23. q. 4. c. non *invenitur.*
[78] Epist. ad Vincent, et habetur 23. q. 4. c. *Non invenitur.*
[79] In. c. *Quod* superbis de Voto August. de an. Archi Flor. et Syl.

solamente con palabras sino con obras?» Por consiguiente, si diferimos el castigar estos crímenes, de los cuales Dios tanto se ofende, provocamos la paciencia de la Divinidad, porque no hay cosa que á Dios ofenda más que el culto de los ídolos, según el mismo Dios declaró, mandando en el *Éxodo* que en castigo de tal crimen pudiese cualquiera matar á su hermano, á su amigo y á su prójimo, como hicieron los levitas. «Consagrásteis hoy, dijo Moisés, vuestras manos al Señor, cada uno en su hijo y en su hermano para que se os dé la bendición.» Y añade: «Por tanto, toda alma que haga alguna de estas abominaciones será quitada de en medio de mi pueblo.» De aquí dimanó aquella ley de Constantino, príncipe religioso y justísimo, contra los sacrificios de los paganos, esto es, contra el culto de los ídolos, imponiendo pena capital y confiscación de bienes, no sólo contra los que perpetraban estos impíos sacrificios, sino también contra los prefectos de las provincias que fuesen negligentes en castigar este crimen, y de esta ley dice San Agustín que fué aprobada, no solamente por todos los piadosos cristianos, sino también por los herejes. ¿Crees tú que estas penas sancionadas por la ley divina y natural se entienden únicamente con aquellos paganos que legalmente están sometidos al imperio de los cristianos? Afirmar esto sería cerrar los ojos á la luz del mediodía. San Gregorio, varón sapientísimo y religiosísimo, alaba en una de sus epístolas á Gennadio, gobernador de África que perseguía á los paganos por causa de religión, es á saber, para desterrar el culto de los ídolos y propagar la piedad cristiana. Y no se ha de entender que hacía esta guerra contra pueblos pacíficos y sujetos al imperio romano. No es doctrina temeraria, pues, sino muy racional y enseñada por varones eruditísimos y por la autoridad de un sumo pontífice, el ser lícito a los cristianos perseguir á los paganos y hacerles guerra si no

121

qui forsan essent qui legem naturæ non servarent, quemadmodum idolatræ.

L.—At isto modo nulla natio fuerit cui jure bellum inferri nequeat, propter violatam naturæ legem et peccata, nam quota quæque natio reperietur quæ servet legem naturæ?

D.—Nationes multæ reperientur, ac potius nulla natio est ex iis quæ sunt et vocantur humanæ quæ non servet legem naturæ.

L.—Quid tu naturæ legem, Democrates, hoc loco voces, non satis intelligo, nisi forte qui modo abstinent a nefaria libidine ac similibus flagitiis, ab eis, licet aliis gravibus criminibus implicentur, legem naturæ servari dicis, quamquam ea quoque ratione perpaucæ gentes sunt, quæ naturæ legem observent. At ego latrocinia, adulteria, homicidia et alia magna crimina quibus etiam christianos passim contaminari cernimus contra naturæ legem esse dico, nec tu, siquidem tibi constare velis, hoc poteris inficiari, qui dudum naturæ legem participationem esse legis æternæ in creatura rationis compote definiebas.

D.—Noli laborare, Leopolde. Sint sane, ut sunt, graviora quæ peccantur contra legem naturæ; tu tamen etiam atque etiam vide ne temere quidquam in totas universasque nationes extrudas: si peccatur in leges naturæ, idcirco tota natio legem naturæ non servare dicenda est. Publica enim causa non in singulis hominibus spectari debet, sed in publicis moribus et institutis. Nam in quibus gentibus, latrocinari, adulterari, fœnerari, adde etiam nefariam libidinem, et cætera flagitia in rebus turpissimis habentur, et legibus atque moribus vindicantur, has gentes quamvis quidam ex

observan la ley natural, como pasa en lo tocante al culto de los ídolos.

L.—Pero de este modo no habría nación alguna á la cual no pudiera hacerse con justicia la guerra por haber violado la ley de naturaleza, pues ¿qué nación habrá que observe estrictamente la ley natural?

D.—Antes al contrario se hallarán muchas, ó más bien no hay ninguna de las que son y se llaman humanas que no observe la ley natural.

L.—No entiendo bien, ¡oh Demócrates! qué es lo que llamas en este caso la ley natural, á no ser que digas que la observan los que se abstienen del pecado nefando y de otras torpezas por el estilo, por más que cometan otros crímenes graves. Aun de este modo encontrarás muy pocas gentes que observen la ley natural. Pero yo digo que los adulterios, homicidios y otros grandes crímenes con que á cada paso vemos contaminarse a los cristianos son también contra la ley natural; y tú, si quieres ser consecuente contigo mismo, no lo puedes negar, puesto que hace poco definías la ley natural como una participación de la ley eterna en la criatura capaz de razón.

D.—No te molestes inútilmente, Leopoldo. Son sin duda los pecados más graves los que se cometen contra la ley de naturaleza, pero guárdate de sacar de aquí temerarias consecuencias contra todas las naciones en general, y si en cualquiera de ellas pecan algunos contra las leyes naturales, no por eso has de decir que toda aquella nación no observa la ley natural; porque la causa pública no debe considerarse individualmente en cada hombre, sino en las costumbres é instituciones públicas. En aquellas naciones en que el latrocinio, el adulterio, la usura, el pecado nefando y los demás crímenes son tenidos por cosas torpísimas y están castigadas por las leyes y por las costumbres, aunque algunos de sus ciu-

eis criminibus istis implicentur, non tamen idcirco legem naturæ servare negandæ sunt, nec propter singulorum crimina quæ publice damnantur, atque plectuntur, plectenda civitas est, non magis quam si quidam ex civitate quaquam temere, non publica auctoritate, alterius agros incursionibus infestassent, si in hujusmodi latrones fuisset per leges a sua civitate redditis rebus ablatis animadversum; sed si qua gens esset tam barbara, et inhumana ut scelera quæ recensui, vel omnia vel aliqua in rebus turpibus non haberet, nec legibus aut moribus vindicaret, aut gravissima, præsertim illa quæ maxime natura detestatur levissimis pœnis afficeret, quædam prorsus punienda non putaret; hæc merito ac proprie legem naturæ non servare diceretur: ab optimo jure posset a Christianis, si imperium recusaret, debellari propter nefaria scelera, et barbariem, ac inhumanitatem in ipsorum videlicet maximum bonum, ut pessimi, barbari, atque impii, bonis humanis et vere religionis cultoribus obtemperarent: harumque monitis ac legibus et consuetudine ad sanitatem, humanitatem pietatemque reducerentur. Quod esset maximum christianæ charitatis officium.

Non est potestatis summi Sacerdotis christianis et evangelicis legibus paganos obligare, tamen ejus officii est, dare operam si qua non admodum difficilis ratio iniri possit, ut paganos a criminibus et inhumanis flagitiis, idolorumque cultu et omnino ab impietate ad probos et humanos mores veramque religionem revocentur; quod faciet auctore Deo,[80] qui vult omnes homines salvos fieri et ad agnitionem veritatis venire.

Nam quod Chremes ille Terentianus dixit: "homo sum, nihil humanum a me alienum puto", significans hominem

[80] 1 Tim. 2.

124

dadanos caigan en estos delitos, no por eso se ha de decir que la nación entera no guarda la ley natural, ni por el pecado de algunos que públicamente son castigados, deberá ser castigada la ciudad entera; del mismo modo que si algunos de una ciudad por voluntad propia y no por autoridad pública hiciesen una incursión hostil en los campos de sus vecinos, nadie tendría derecho á proceder contra la ciudad misma si sus leyes castigaban á estos ladrones y les obligaban á devolver la cosa robada. Pero si hubiese una gente tan bárbara é inhumana que no contase entre las cosas torpes todos ó algunos de los crímenes que he enumerado y no los castigase en sus leyes y en sus costumbres ó impusiese penas levísimas á los más graves y especialmente á aquellos que la naturaleza detesta más, de esa nación se diría con toda justicia y propiedad que no observa la ley natural, y podrían con pleno derecho los cristianos, si rehusaba someterse á su imperio, destruirla por sus nefandos delitos y barbarie é inhumanidad, y sería un gran bien que aquellos hombres pésimos, bárbaros é impíos obedeciesen á los buenos, á los humanos y á los observadores de la verdadera religión, y mediante sus leyes, advertencias y trato se redujesen á humanidad y piedad, lo cual sería gravísima ventaja de la caridad cristiana. No está en la potestad del Sumo Sacerdote obligar con cristianas y evangélicas leyes á los paganos, pero á su oficio pertenece procurar, por todos los medios que no sean muy difíciles, apartar á los paganos de los crímenes é inhumanas torpezas, y de la idolatría y de toda impiedad, y traerlos á buenas y humanas costumbres y á la verdadera religión, lo cual hará con el favor de Dios, que quiere salvar á todos los hombres y traerlos al conocimiento de la verdad. Aquello que dice el Cremes terenciano: «Hombre soy y ninguna de las cosas humanas puede serme indiferente», signifi-

homini consulere, et quibus rebus sine suo detrimento possit commodare ad cujusque hominis officium et humanitatem pertinere, lex divina est et naturalis ab eo lumine vultus Dei quod est signatum super nos, id est, a lege æterna profecta et in Ecclesiastico tradita.[81] *Mandavit*, inquit, *hominibus Deus unicuique de proximo suo*, omnes enim mortales proximi ac socii sunt inter se, propter eam, quæ latissime patet inter omnes homines societatem. Quod si hoc officium privatus quisque præstare debet jure naturæ, quanto magis summus Dei Sacerdos, Christique Vicarius et Principes Christiani qui et ipsi sed alio modo vicem Dei gerunt in terris; cum utrique pastores et sint et nominentur Christiani gregis? Est autem officium pastoris non solum gregem sibi commissum pascere, sed si quas oves ex alio ejusdem domini grege sive ovili per solitudinem errantes offenderit, harum curam non negligere, easque si commode facere possit, in easdem caulas, et locum tutiorem compellere, ut sic paulatim fiat unum ovile et unus pastor.

Non possunt pagani ob solam infidelitatem puniri, nec cogi ut fidem Christi accipiant inviti: nam credere voluntatis est, ut ait Augustinus, quæ cogi nequit; possunt tamen a flagitiis prohiberi. "Ad fidem inquit Augustinus,[82] nullus est cogendus, sed per severitatem, immo et per misericordiam Dei tribulationum fagellis solet perfidia castigari." Et idem rursus sic hæreticos alloquitur.[83] "Qui vivos, inquit, pro tanto scelere tam leviter damnorum admonitionibus, vel locorum, vel bonorum, vel pecuniæ privatione deterrendos coercendosque decernunt, ut cogitantes quare ista patiamini, sacrilegium vestrum cognitum fugiatis, et ab æterna damnatione liberemini, diligentissimi rectores et piissimi

---

[81] Eccles. 17.
[82] Contra Paetilian. 23. q. 5. c. *ad fidem.*
[83] 23. q. 5. c. *Si vos.*

cando, que el hombre debe favorecer á los demás hombres, en cuantas cosas pueda sin detrimento propio; es ley divina y natural, derivada de aquella lumbre del rostro de Dios que está signada sobre nosotros, esto es, nacida de la ley eterna y enseñada en el *Eclesiástico,* cuando dice: «Dios encargó á cada cual de los hombres de su prójimo.» Porque todos los mortales son prójimos y socios entre sí con aquel género de sociedad que se extiende á todos los hombres. Y si cualquier hombre particular está obligado por la ley natural á cumplir este servicio, ¿cuánto más deben estarlo el Sumo Sacerdote de Dios y vicario de Cristo y los príncipes cristianos que también, aunque de otro modo, hacen las veces de Dios en la tierra, siendo y llamándose unos y otros pastores de la grey cristiana? Porque la obligación del pastor no consiste tan sólo en apacentar el rebaño que le está confiado, sino que cuando encuentra errante por las soledades alguna oveja de otro rebaño ó de ajeno redil, debe no abandonarla, y si fácilmente puede hacerlo, conducirla á unos mismos pastos y á lugar más seguro para que así paulatinamente vaya habiendo un solo redil y un solo pastor.

No pueden los paganos por el solo hecho de su infidelidad ser castigados ni obligados á recibir la fe de Cristo contra su voluntad; porque el creer, como enseña San Agustín, es cosa propia de la voluntad, la cual no puede ser forzada; pero se pueden atajar sus maldades. «Ninguno, dice San Agustín, puede ser obligado á recibir la fe, pero por la severidad ó más bien por la misericordia de Dios, suele ser castigada la perfidia con el azote de la tribulación». Y prosigue el mismo santo hablando contra los herejes de su tiempo: «Conviene designar magistrados enérgicos y consejeros piadosos, que dejando vivos á los herejes no obstante ser tan grave su crimen, los castiguen y atemoricen con penas más leves, ya de destierro, ya

consultores depuntantur." Quod contra hæreticos dictum, valet eodem modo contra Paganos: utrique enim proximi nostri sunt: utrisque consulere jubemur lege divina et naturali, ut a flagitiis deterreantur, iis præsertim quibus natura, auctorque naturæ Deus plurimum violatur et offenditur, imprimisque ab idolorum cultu peccatorum omnium gravissimo.

Eoque magis quod injurias Dei, quæ his maxime criminibus continentur, nec usque ad auditum, ut Chrisostomus ait [84] perferre debemus exemplo Christi: "in propriis, idem ait, injuriis esse quempiam patientem laudabile est, injurias autem Dei dissimulare nimis est impium. Quod si Principibus licet laudique datur, amicorum et propinquorum injurias bello persequi, etiam in gentibus externis, auctore Abraham,[85] qui pœnas injuriarum Loth et amicis illatarum a quatuor regibus expetivit, quanto magis injurias Dei a quibuscumque fuerint illatæ?"

Tertia causa. Præsertim si quod per se satis magnam causam habet, ad belli justitiam, eadem opera magnæ injuriæ a multis innocentibus hominibus propulsentur, ut maxime fit barbaris istis in ditionem redigendis, quibus constat singulis annis in una regione, quæ *Nova Hispania* nominatur, homines nihil tale meritos supra viginti millia solitos esse demoniis immolari. Itaque excepta una urbe Mexico cujus oppidani postremo pertinacissimi repugnarunt, tota illa provincia quæ multo est omni Hispania major, in Christianorum ditionem redacta est per multo pauciorum hominum cædem, quam ipsi solebant unoquoque anno immolare. Nam cunctos homines cunctorum hominum esse proximos Theologi consentiunt, propter eam, ut dudum

[84] Super Math.
[85] Gen. 14.

de confiscación de bienes para que de este modo comprendan el sacrilegio en que han caído y se abstengan de él y se libren de la condenación eterna.» Esto que se dice contra los herejes vale del mismo modo contra los paganos; unos y otros son prójimos nuestros, por unos y otros debemos mirar según la ley divina y natural, para que se abstengan de sus crímenes, especialmente de aquellos que más ofenden á la naturaleza y á Dios autor de ella, siendo entre todos ellos el pecado más grave la idolatría.

A esto se añade que, como enseña San Juan Crisóstomo, no debemos tolerar ni aun de oídas las injurias de Dios, que principalmente se cometen por medio de estas abominaciones, porque si es laudable que cada cual sea paciente en sus propias injurias, es cosa impía disimular las injurias de Dios. Y si en los príncipes parece cosa laudable castigar, aun en las gentes extrañas, las ofensas hechas á sus amigos y parientes, como vemos en Abraham que peleó contra los cuatro reyes para vindicar las injurias que habían hecho á Lot y á sus amigos, ¿cuánto mejor parecerá el castigar las ofensas hechas á Dios, sea quien fuere el que las hace? Sobre todo si se tiene en cuenta (lo cual por sí solo es causa bastante justa para la guerra) el que por virtud de ella se libra de graves opresiones á muchos hombres inocentes, como vemos que pasa en la sumisión de estos bárbaros de los cuales consta que todos los años, en una región llamada Nueva España, solían inmolar á los demonios más de 20.000 hombres inocentes. Y así, exceptuada la sola ciudad de Méjico cuyos habitantes hicieron por sí vigorosa resistencia, fué reducida aquella tierra á la dominación de los cristianos con muerte de muchos menos hombres que los que ellos solían sacrificar todos los años. Es unánime enseñanza de los teólogos que todos los hombres son

memorabam, quæ latissime patet inter omnes homines societatem; sumpto etiam argumento ex Evangelico illo samaritano,[86] qui proximas fuisse habetur Israelitæ a latronibus spoliati et vulnerati, cui perhumaniter opem tulerat in magno ejus periculo et calamitate; proximo autem sive socio ferre auxilium exemplo Samaritani viri probi et humanissimi omnes homines, si facere id possint sine magno suo damno jubentur lege divina, quam ex Ecclesiastico citavi: "Mandavit, inquit, Deus, *de proximo suo;*[87] atque eo magis, siquis injuria ad necem abstrahatur, de quo privatim præceptum est in sacris Proverbiis.[88] *Eme,* inquit, *eos qui ducuntur ad mortem,* injuste scilicet ac sine sua culpa, ut miseri illi homines qui a barbaris istis ad impias aras mactabantur. Has igitur maximas injurias propulsare a tot innocentibus hominibus, cum possit, quis pius neget, fuisse principis optimi ac religiosi, quoniam non inferenda, ut testatur Ambrosius, sed in repellenda injuria lex virtutis est?[89] Qui enim non repellit a socio injuriam, si potest, tam est in vitio, quam ille qui facit; talia vero scelera et cætera enormia flagitia, ut ait Augustinus, potius per mundi judices, id est, per principes sæculares, quam per Antistites et rectores ecclesiasticos vindicantur: Dei enim vindices sunt in iram, ut Paulus ait, iis qui malum agunt.[90] Unde Hieronymus:[91] "qui malos percutit in eo quod mali sunt, et habet vasa interfectionis, ut occidat pessimos, minister est Dei". Magna, igitur, ratione atque optimo jure naturæ hujusmodi barbari, possunt, si commode id fieri, id est sine magna piorum jactura valeat, ut valet armis, si non aliter datur, compelli ut Christianorum imperio subjiciantur, a

[86] Lucae, 10.
[87] Eccles. 17.
[88] Prov. 24.
[89] Lib. *de off.* Abrah. 23. q. 3. c. *non inferenda.*
[90] Rom. 13.
[91] In Ezechiel. 3, et habetur, 21. q. 5. c. *Qui malos.*

130

nuestros prójimos, con aquel género de sociedad que se dilata y extiende entre nosotros, y toman argumento de aquel ejemplo evangélico del samaritano que trató como prójimo al israelita despojado y herido por los ladrones y le amparó en sus grandes peligros y calamidades. Y el dar auxilio á su prójimo ó á un compañero en todo lo que puedan, sin gran daño propio, es cosa que obliga á todos los hombres probos y humanos, conforme á este ejemplo del samaritano y al precepto divino que antes cité del *Eclesiástico:* «Dios dió al hombre el cargo de su prójimo.» Y la obligación será tanto mayor cuando el prójimo se halle expuesto á la muerte, sobre lo cual hay un precepto particular en los sagrados proverbios: «Compra á los que son llevados á la muerte;» es decir, á los que llevados injustamente y sin culpa suya, como aquellos infelices á quienes sacrificaban estos bárbaros ante sus impías aras. Defender, pues, de tan grandes injurias á tantos hombres inocentes, ¿qué hombre piadoso ha de negar que es obligación de un príncipe excelente y religioso? Porque, como enseña San Ambrosio, la ley de la virtud consiste, no en sufrir, sino en repeler las injurias. El que pudiendo no defiende á su prójimo de tales ofensas, comete tan grave delito como el que las hace; tales crímenes y las demás enormes abominaciones (como dice San Agustín), han de ser castigados más bien por los jueces del mundo; esto es, por los príncipes seculares que por los obispos y jueces eclesiásticos, porque son vengadores de la ira de Dios (como los llama San Pablo) contra los que obran mal. Por eso dice San Jerónimo: «El que hiere á los malos en aquello en que son malos y tiene instrumentos de muerte para matar á los peores, es ministro de Dios.» Con gran razón, por tanto, y con excelente y natural derecho pueden estos bárbaros ser compelidos á someterse al imperio de los cristianos, siem-

magnis injuriis magnisque sceleribus prohibeantur, et justis, piis religiosisque monitis consuetudine Christianorum resipiscant, ad sanitatem redeant morumque probitatem, et volentes sui commodi salutisque gratia veram Religionem accipiant.

Non igitur sola infidelitas, sed nefariæ libidines, prodigiosa humanis victimis facta sacrificia, extremæ plurimorum innocentium injuriæ, horribiles humanorum corporum epulæ, impius idolorum cultus causas belli faciunt in hos barbaros justissimas. Sed quoniam *lex nova et evangelica* perfectior est et mitior quam vetus et Mosayca: illa enim lex timoris erat, hæc gratiæ, mansuetudinis, et charitatis, bella etiam mansuete et clementer gerenda sunt, nec tam ad punitionem, quam emendationem improborum suscipienda. Si verum est igitur, ut maxime est, quod Augustinus ait,[92] utiliterque vincitur is, cui licentia eripitur peccandi, nec est quidquam infelicius fælicitate peccantium; quid potuit barbaris istis vel commodius, vel magis salutare contingere, quam ut eorum imperio subjicerentur, quorum prudentia, virtute, et religione ex barbaris et vix hominibus humani et pro ipsorum captu civiles, ex flagitiosis probi, ex impiis et dæmoniorum servis christiani ac veri Dei veræque religionis cultores efficerentur; ut jam pridem accepta christiana Religione fiunt provisu jussuque *Caroli* Cæsaris optimi ac religiosi principis publice datis, tum litterarum ac doctrinarum præceptoribus, tum morum ac vere Religionis magistris? Age vero, et multis ergo, et

---

[92] In *Epist. ad Marcellum.*

pre que esto pueda hacerse sin gran pérdida de los cristianos mismos, como se puede en este caso en que son tan superiores en las armas. Y sometidos así los infieles, habrán de abstenerse de sus nefandos crímenes, y con el trato de los cristianos y con sus justas, pías y religiosas advertencias, volverán á la sanidad de espíritu y á la probidad de las costumbres, y recibirán gustosos la verdadera religión con inmenso beneficio suyo, que los llevará á la salvación eterna. No es, pues, la sola infidelidad la causa de esta guerra justísima contra los bárbaros, sino sus nefandas liviandades, sus prodigiosos sacrificios de víctimas humanas, las extremas injurias que hacían á muchos inocentes, los horribles banquetes de cuerpos humanos, el culto impío de los ídolos. Pero como la ley nueva y evangélica es más perfecta y suave que la ley antigua y mosáica, porque aquella era ley de temor y ésta es de gracia, mansedumbre y caridad, las guerras se han de hacer también con mansedumbre y clemencia, y no tanto para castigo como para enmienda de los malos, si es verdad, como ciertamente lo es, lo que San Agustín dice: «Es muy útil para el pecador quitarle la licencia de pecar, y nada hay más infeliz que la felicidad de los pecadores.» ¿Qué cosa pudo suceder á estos bárbaros más conveniente ni más saludable que el quedar sometidos al imperio de aquellos cuya prudencia, virtud y religión los han de convertir de bárbaros, tales que apenas merecían el nombre de seres humanos, en hombres civilizados en cuanto pueden serlo; de torpes y libidinosos, en probos y honrados; de impíos y siervos de los demonios, en cristianos y adoradores del verdadero Dios? Ya comienzan á recibir la religión cristiana, gracias á la próvida diligencia del César Carlos, excelente y religioso príncipe; ya se les han dado preceptores públicos de letras humanas y de ciencias, y lo que vale más, maestros de religión y de costumbres.

gravissimis ex causis isti barbari Hispanorum imperium accipere jubentur lege naturæ; quod ipsis, quam Hispanis hoc est profecto commodius, quo virtus, et humanitas, veraque religio omni auro et argento pretiosior habetur. Itaque si imperium recusent, armis cogi possunt, eritque id bellum, ut supra maximis et Philosophis et Theologis auctoribus declaravimus, lege naturæ justum, multo etiam magis, quam quod Romani ad cæteras nationes imperio suo subjiciendas inferebant, quo scilicet melior ac certior est christiana Religio, quam olim romana, et majori ingenii, prudentiæ, humanitatis, corporis et animi roboris, ac omnis virtutis excessu istis homunculis Hispani præstant quam cæteris gentibus veteres Romani: præsertim accedente Pontificis Maximi qui Christi vices gerit auctoritate et justitiæ belli hujus declaratione. Nam, ut bella quæ auctore Deo gesta sunt, ut multa de quibus est in Sacris Historiis, injusta esse non possunt, ut ait Augustinus,[93] si justa esse putare fas est, quæ summi Sacerdotis Dei Christi Vicarii, et Apostolici senatus consensu et approbatione geruntur.

Præsertim quæ pertinent ad Christi præceptum evangelicum exequendum, quæ alia causa est, et quidem justissima, cur bellum jure barbaris istis inferri posse videatur. *Si occurreris,* inquit Deus (ut est in Exodo), *bovi inimici tui, aut asino erranti, reduc ad eum.* An Deus nos jubet animalia bruta errantia ad viam tutioremve locum reducere, atque id officium etiam inimicis præstare, nos dubitabimus homines socios ac proximos nostros periculosissime errantes in viam veritatis, si possumus redigere, et hanc

[93] Contra Faust. 22.

Por muchas causas, pues, y muy graves, están obligados estos bárbaros á recibir el imperio de los españoles conforme á la ley de naturaleza, y á ellos ha de serles todavía más provechoso que á los españoles, porque la virtud, la humanidad y la verdadera religión son más preciosas que el oro y que la plata. Y si rehusan nuestro imperio, podrán ser compelidos por las armas á aceptarle, y será esta guerra, como antes hemos declarado con autoridad de grandes filósofos y teólogos, justa por ley de naturaleza; mucho más justa todavía que la que hicieron los romanos para someter á su imperio todas las demás naciones, así como es mejor y más cierta la cristiana religión que la antigua de los romanos; siendo además tan grande la ventaja que, en ingenio, prudencia, humanidad, fortaleza de alma y de cuerpo y toda virtud, hacen los españoles á estos hombrecillos como la que hacían á las demás naciones los antiguos romanos. Y todavía resulta más evidente la justicia de esta guerra, si se considera que la ha autorizado el sumo Pontífice, que hace las veces de Cristo. Porque si las guerras que con autoridad del mismo Dios han sido emprendidas, como muchas de que se habla en las Sagradas Escrituras, no pueden ser injustas, según dice San Agustín, también hemos de tener por justas las que se hacen con el consentimiento y aprobación del sumo sacerdote de Dios y del senado apostólico, especialmente las que se dirigen á cumplir un evangélico precepto de Cristo, porque ésta es otra causa, y ciertamente justísima, para hacer la guerra á los bárbaros. «Si encontrares, dice Dios en el *Exodo*, errante al buey ó al asno de tu enemigo, vuélvesele á su dueño.» Si Dios nos manda volver al camino recto y á lugar seguro á los mismos brutos y hacer este servicio á nuestros propios enemigos, ¿cómo hemos de dudar cuando vemos á otros hombres, prójimos nuestros, errando tan peligrosamente,

135

curam suscipere gravabimur, non ut inimici commodis consulamus, sed ut obsequamur amantissimi Dei omniumque Domini voluntati, qui vult omnes homines salvos fieri, et ad veritatis cognitionem venire? Ut igitur errantibus quibusvis hominibus monstrare viam, sic paganos ad veram religionem reducere jubemur lege naturæ et charitatis humanæ. Quis enim sanus sese periculose errantem, imprudenterque ad præcipitium per tenebras properantem non maxime velit a quovis homine revocari et ad viam etiam invitum reduci? Cum igitur omnes, qui extra christianam Religionem vagantur, errare, et ad certum præcipicium ferri non dubitemus, nisi eos quocumque modo liceat, vel invitos retraxerimus, non parebimus legi naturæ, Christo auctore qui nos jubet, ut quæ nobis volumus a cæteris hominibus fieri, eadem nos eis vicissim faciamus, quam summam idem esse tradit legum omnium divinarum?

L.—Tu igitur paganos ad fidem cogendos esse putas, reclamante Augustino, cujus paulo ante testimonium tulisti?

D.—Ego si sic existimarem, sententiam possem magnis auctoribus tueri. Atque equidem ita si fieri id possit, censerem idemque contenderem maximum officium esse charitatis. Quod enim majus benficium infideli homini conferri posset, quam fides Christi? Sed quia voluntas non potest cogi, ut placet Augustino, et magnis Theologis,[94] laborem inanem et interdum perniciosum capere invitos

---

[94] Scot. 45. *in Dist. q. ult.*

en traerlos, si podemos, al camino de la verdad? Y ¿cómo ha de sernos gravoso el tomar este cuidado, no por atender al bien de nuestros enemigos, sino por cumplir la voluntad de Dios, amantísimo señor de todas las cosas, que quiere salvar á todos los hombres y hacerlos venir al conocimiento de la verdad? Así como estamos obligados á mostrar el camino á los hombres errantes, así la ley de naturaleza y de caridad humana nos obliga á traer á los paganos al conocimiento de la verdadera religión. ¿Quién que esté en su sano juicio no ha de desear que, si alguna vez llega á perder el recto camino y perdido en las tinieblas se acerca imprudentemente al precipicio, cualquier hombre le retire de él y le haga volver al buen camino, aun contra su voluntad? Y como no podemos dudar que todos los que andan vagando fuera de la religión cristiana están errados y caminan infaliblemente al precipicio, no hemos de dudar en apartarlos de él por cualquier medio y aun contra su voluntad, y de no hacerlo no cumpliremos la ley de naturaleza ni el precepto de Cristo, que nos manda hacer con los demás hombres lo que quisiéramos que hiciesen con nosotros; precepto del cual dijo el mismo Cristo que era el compendio de todas las leyes divinas.

L.—¿Crees tú, por consiguiente, que los paganos pueden ser compelidos á recibir la fe, á pesar de que San Agustín lo niega en el mismo texto que me has citado antes?

D.—Aunque yo lo creyera así, no me faltarían grandes autoridades con que confirmar mi parecer, y aún sostendría que era éste un grande oficio de caridad, pues ¿qué mayor beneficio puede hacerse á un hombre infiel que comunicarle la fe de Cristo? Pero como la voluntad, según yo lo indicaba antes, sin la cual no hay lugar alguno á la fe, no puede ser forzada, no agrada á San Agustín ni á otros grandes teólogos que se tome ese trabajo tan

aut invitorum infantes filios, qui patrum voluntatem magna ex parte sequi solent, baptizare. Non igitur invitos baptizandos esse dico, sed quantum est in nobis a præcipitio vel invitos retrahendos, et errantibus monstrandam esse viam veritatis per pia monita et Evangelicam prædicationem, quod quia commodissime fit, ut jam videmus ipsis in ditionem redactis, nec aliter his temporibus in tanta prædicatorum fidei tenuitate, et miraculorum inopia fieri posse cognoscimus, eodem jure, redigi barbaros in ditionem posse dico, quo ad Evangelium audiendum compelli. Nam qui jure finem petit, is eodem jure adhibet omnia quæ pertinent ad finem; ut autem Evangelium infidelibus prædicetur, lex est, uti dixi, naturæ et humanæ charitatis a Christo non solum universe, ut dixi, tradita, sed etiam alio in loco nominatim cum Apostolis sic affatur: *Euntes*, inquit, *in universum mundum prædicate Evangelium omni creaturæ.*[95] Quod non illis ut arbitror solum qui cum Christo vixere præceptum est, sed hujus etiam et cujuscumque temporis apostolis, si qua se ostendat ad evangelium propagandum via. Sunt enim etiam nunc Apostoli eruntque usque ad consummationem sæculi, ut testatur Paulus: [96] *Ipse dedit*, inquit, *quosdam quidem Apostolos, quosdam autem Prophetas, alios vero Evangelistas, alios autem pastores et doctores usque ad consummationem sanctorum in opus ministerii in ædificationem corporis Christi, donec occurramus omnes in unitatem fidei et agnitionis filii Dei.* Sunt igitur Apostoli apostolorum successores, hoc est Episcopi et ecclesiarum Antistites, et prædicatores in eo quod pertinet ad officium prædicandi. Quomodo

95 Marc. 16.
96 Eph. 4.

138

grande y á veces tan pernicioso de obligar á bautizarse á los que rechazan el bautismo ó á sus hijos, que en su mayor parte suelen seguir la voluntad de los padres. No digo yo, pues, que se los bautice por fuerza, sino que en cuanto depende de nosotros se los retraiga del precipicio y se les muestre el camino de la verdad por medio de piadosas enseñanzas y evangélica predicación, y como esto no parece que puede hacerse de otro modo que sometiéndolos primero á nuestro dominio, especialmente en tiempos como éstos en que es tanta la escasez de predicadores de la fe y tan raros los milagros, creo que los bárbaros pueden ser conquistados con el mismo derecho con que pueden ser compelidos á oir el Evangelio. Porque el que pide algún fin en justicia, pide con el mismo derecho todas las cosas que pertenecen á aquel fin, y el que se predique el Evangelio á los infieles es como otras veces he dicho, ley de naturaleza y de caridad humana enseñada por Cristo, no sólo en los términos universales que antes recordé, sino también y más expresamente en otro lugar en que, hablando con sus apóstoles, dice: «Predicad el Evangelio á toda criatura.» Y yo creo que este precepto no se dió tan sólo para los que vivieron con Cristo, sino también para los apóstoles de aquel tiempo y de cualquiera otro en que se muestre camino para la propagación de la fe. También ahora hay apóstoles y los habrá hasta la consumación de los siglos, como San Pablo atestigua: «Él nos dió ciertos apóstoles, ciertos profetas, evangelistas, pastores y doctores, hasta la consumación de los santos, en la obra del misterio, en la edificación del cuerpo de Cristo, hasta que todos nos reduzcamos á la unidad de la fe y del conocimiento del Hijo de Dios.» Son, pues, los apóstoles, sucesores de los apóstoles; esto es, obispos y rectores de las iglesias y predicadores en todo lo que pertenece al oficio de predicar.

autem barbaris istis prædicabunt, nisi ut Paulus ait, mittantur? Quomodo mittentur nisi prius barbari fuerint in ditionem redacti?

L.—Quomodo missi fuerunt primi qui sine armis sola Dei ope maximam orbis partem prædicando Evangelium peragrarunt.

D.—Etiamne sine baculo et pera? Præbe apostolis nostri temporis illam fidei perfectionem, illam miraculorum virtutem et linguarum donum, quibus illi impios hostes jugo summittebant, et debellabant, nec deerunt, crede mihi, apostolici prædicatores qui novum orbem docendo Evangelium pervagentur. Num cum nostro merito et culpa nulla, vel quam rarissima miracula videamus, consilio niti oportet ac summa prudentia moderari, ne si aliter fecerimus Deum [97] (quod est contra legem Dei) tentare videamur. Nam Deum tentari ab eo ·Theologi [98] declarant qui in periculis non providet quod potest, sed omnia committit opi divinæ, tamquam expectare velit justitiam ejus aut potestatem. «Nemo, inquit, Augustinus, debet tentare Deum suum dum habet quod rationabili consilio faciat».[99] Et Nicolaus Pontifex maximus.[100] Deum, inquit, tentare videtur homo si habet quod faciat, et suæ ac aliorum saluti consulere non procurat» Mittere autem apostolos et evangelistas in gentes barbaras et impacatas, res est difficilis et plena periculi, et quæ multifariam impedita nimium aut nihil fructus paritura videatur.

L.—Liberam voluntatem tribuit homini Deus; et est in Ecclesiastico: [101] *Reliquit eum in manu consilii sui.* ¿Cur

[97] Deut. 6.
[98] Th. 2. 2. q. 97. a. 1.
[99] *Super Gen.*, et habetur 22, q. 2.
[100] 23. q. ult. *Si nulla.*
[101] C. 15.

Y ¿cómo han de predicar á estos bárbaros si no son enviados á ellos como San Pablo dice, y cómo han de ser enviados si antes no se ha conquistado á esos bárbaros?

L.—¿Cómo fueron enviados aquellos primeros que, sin armas, con la sola ayuda de Dios, recorrieron la mayor parte del mundo predicando el Evangelio?

D.—Fueron hasta sin báculo ni alforjas. Pero da tú á los apóstoles de nuestro tiempo aquella perfección de fe, aquella virtud de milagros y don de lenguas con que sometían y dominaban á los enemigos más impíos, y no faltarán, créeme, predicadores apostólicos que recorran el Nuevo Mundo predicando el Evangelio. Ahora, como por nuestras culpas no vemos milagro ninguno ó son rarísimos, debemos proceder con prudencia y moderación, porque haciéndolo de otro modo parecería que tentábamos á Dios, lo cual es contra la ley divina. Porque, según declaran los teólogos, tienta á Dios el que en los peligros no toma las precauciones necesarias, sino que todo lo confía del favor divino, como si quisiese poner á prueba su justicia ó su poder. «Nadie, dice San Agustín, debe tentar á su Dios, mientras pueda obrar por su propio y racional consejo.» Y el sumo Pontífice Nicolás, añade: «Parece que tienta á Dios el hombre que no mira por su propia salud y por la de los otros.» Enviar, pues, predicadores y evangelistas á gentes bárbaras y no pacificadas, es cosa difícil y llena de peligros, y que por los grandes obstáculos con que ha de tropezar puede producir muy poco ó ningún fruto.

L.—Libre voluntad dió al hombre Dios, y como se lee en el *Eclesiástico*, le dejó en manos de su consejo. ¿Por qué nosotros hemos de ser más imperiosos é insistir tanto en negocios ajenos y no permitir á cada uno vivir á su manera sin injuria de otro?

nos et imperiosi simus, et curiosi in negotio alieno, nec cuique permittamus vivere, ut velit sine alterius injuria?

D.—Agnosco Donati hæretici querelam, sed audi ad hæc, non quid ego, sed quid respondeat Augustinus: «Quis nesciat, inquit, nec damnari hominem nisi merito malæ voluntatis, nec liberari nisi bonam voluntatem habuerit? non tamen ideo qui diliguntur, malæ suæ voluntati impune, et crudeliter permittendi sunt et ad bonum cogendi.

L.—At nullos legimus a Christo vel Apostolis, nec fidem accipere nec audire Evangelium per vim fuisse compulsos, sed invitatos dumtaxat.

D.—Christus Paulum Ecclesiam vastantem, voce compescuit, et potestate postravit ad fidemque coegit; idem ementes ac vendentes prohibuit, flagellisque cæssos de templo dejecit. Sed quia de bello sermo, est pravis idolorum cultoribus inferendo; an quod inter initia nascentis Ecclesiæ factum non fuit, id nullo tempore ab Ecclesia, ne tum quidem cum regum ac principum potestate et viribus aucta munitaque fuerit, recte fieri posse putas?

L.—Cur non ita existimari debeat, ego quidem non video.

D.—At vidit Augustinus qui cum ei simile quiddam ab hæreticis objiceretur: [102] «Non attenditis, inquit, quia tunc, cum primum Ecclesia novello germine pullulabat nondum completa fuerat illa prophetia: *Et adorabunt eum omnes Reges terræ omnes gentes servient ei;* quod utique quanto magis impletur, tanto majore utitur Ecclesia potestate, ut non solum invitet sed etiam cogat ad bonum; hoc Dominus significare volebat quod quamvis haberet magnam potestatem, prius tamen elegit commendare humilitatem.» Quam sententiam Augustinus, ut evangelica doctrina confirmaret, illud subjecit: «Hoc etiam, inquit, in illa

---

[102] Epist. *ad Donat.,* et habetur 23, q. 4. c. *Displicet.* (3) Ps. 71

D.–Reconozco en tus palabras las quejas del hereje Donato; pero oye lo que le respondió San Agustín, no yo: «Quién ignora (dice) que el hombre no se condena sino por su mala voluntad, ni se salva sino por su voluntad buena? Pero de ningún modo hemos de tener la crueldad de dejar á nuestros prójimos entregados á su mala voluntad, sino que debemos obligarlos al bien.»

L.–Pues yo no he leído que Cristo ni sus apóstoles obligasen á nadie por fuerza á recibir la fe ni á oir el Evangelio, sino que meramente los invitaban á ello.

D.–Cuando San Pablo perseguía á la Iglesia, Cristo le refrenó con una sola palabra y con su potestad le derribó por tierra, y le forzó á la fe, y el mismo Cristo echó á latigazos del templo á los que compraban y vendían en él. Pero puesto que aquí tratamos sólo de la guerra á los perversos idólatras, ¿crees tú que porque una cosa no se haya hecho en los primeros tiempos de la Iglesia, no se ha de poder hacer en ningún tiempo, y más ahora que la Iglesia está fortalecida con la potestad temporal de los reyes y de los príncipes?

L.–No comprendo la diferencia.

D.–Pues la comprendió San Agustín, que, haciéndole los herejes este mismo argumento, les respondía: «No consideráis que entonces comenzaba á germinar la Iglesia y que aún no se había cumplido aquella profecía: la adorarán y la servirán todos los reyes de la tierra; pues cuando más se va cumpliendo tanto más va creciendo la potestad de la Iglesia, no sólo para invitar, sino también para obligar al bien, y esto quería significar el Señor que teniendo gran potestad prefirió sin embargo recomendar primero la humildad.

Y para confirmar San Agustín este parecer suyo con la doctrina evangélica añade: «Esto mostró con bastante evidencia Cristo en aquella parábola del convite: los invita-

143

convivii similitudine satis evidenter ostendit, ubi misit ad invitatos et venire noluerunt, et ait servo: [103] *Exi cito in plateas et vicos civitatis, pauperes ac debiles, cœcos et claudos introduc huc, et ait domino servus: factum est, ut imperasti, et adhuc locus est; et ait dominus servo: exi in vias et sepes et compelle intrare ut impleatur domus mea.* Vide, inquit, nunc quemadmodum de iis, qui primum venerant, dictum est, *introduc eos,* nunc dictum est, *compelle;* ita significata sunt Ecclesiæ primordia adhuc crescentis, ut postea essent per vires etiam compellendi.» Hos igitur barbaros naturæ violatores, blasphemos et idololatras, non solum invitandos, sed etiam compellendos esse dico, ut accepto christianorum imperio apostolos audiant, Evangelium annuntiantes, et christianos mores atque leges edocentes.

L.—An non aliam tutam rationem iniri posse putas, qua pateat aditus ad prædicandum Evangelium, quam ut armis illæ nationes imperium accipere cogantur?

D.—Ego vero ne hanc quidem satis tutam quibusdam fuisse video.

L.—Quid ita? putasne quemquam ob prædicationem Evangeli periculum inter barbaros adivisse?

D.—Nondum igitur ad tuas aures pervenit multis in locis monachos prædicatores cum præsidium Hispanorum recessiset a male pacatis barbaris sublatos fuisse, nec audisti Petrum Cordubam pietate insignem monachum Dominicanum, qui præfectus erat monachorum Provinciæ Hispaniolæ insulæ cum sociis in continente contra Cubaguam insulam crudeliter a barbaris christianam religionem aversantibus fuisse concisum? At ego et a quibusdam scio Joannem Padillam ad boreales [104] Novæ Hispaniæ re-

---

[103] Luc. 14.
[104] Ms. «ad xalis». Fué martirizado en 1540.

144

dos no quisieron venir y el padre de familias dijo al siervo: sal con presteza y recorre las plazas y las calles de la ciudad y trae a los pobres, y á los débiles, y á los ciegos, y á los cojos, y dijo el siervo al Señor: ya está hecho como lo has ordenado y todavía hay lugar: y dijo el Señor al siervo: sal por los caminos y por los campos y obliga á las gentes á entrar hasta que se llene mi casa. Repara cómo de los primeros que habían de venir se dice: *introdúcelos* y de los últimos se dice, *oblígalos,* significándose así los dos períodos de la Iglesia, el de su origen y el de su progreso en que ya se puede emplear la fuerza para compeler á los infieles á entrar.» A estos bárbaros, pues, violadores de la naturaleza, blasfemos é idólatras sostengo que no sólo se los puede invitar, sino también compeler para que recibiendo el imperio de los cristianos oigan á los apóstoles que les anuncian el Evangelio.

L.—Pero qué, ¿no hay ningún otro camino seguro para la predicación del Evangelio que el conquistar por fuerza de armas aquellas regiones?

D.—Y aún me temo que ni aun siquiera este medio es bastante seguro.

L.—¿Cómo así? ¿Crees que algún predicador del Evangelio se ha visto en peligro entre los bárbaros?

D.—¿Acaso no ha llegado á tus oídos que en muchos lugares los frailes predicadores, en cuanto se retiraba la guarnición de los españoles, han sido muertos por los mal pacificados bárbaros? Y ¿no has oído que Pedro de Córdoba, fraile dominico, insigne por su piedad, provincial de la isla Española, ha sido sacrificado, juntamente con sus compañeros, á la vista de la isla de Cubagua por los bárbaros enemigos de la religión cristiana? Pues yo sé también que en las regiones interiores de Nueva España, Juan de Padilla y Antonio Llares y otros religiosos solitarios, han sido degollados, y que los bárbaros han des-

giones, Antoniumque Llarem, monachos item religiosos, dum Evangelium tradere mitterentur, fuisse trucidatos; hic autem templum quoque sive ecclesiam demoliti sunt barbari, et sacris vestimentis ad ludibrium cæremoniarum et sacrificii, quam Missam dicimus, abusi. Quod si nostris apostolis accidit a barbaris accepto imperio, et tantum sceleris admissum est, cohortibus nostris provincias obtinentibus, sed paulo longius remotis; quid futurum fuisse putamus missis prædicatoribus ad instituendos barbaros, quos nullus nostrarum copiarum metus a scelere et impietate cohiberet? Quamquam ego non solum ut prædicatores audiant in ditionem barbaros redigendos esse dico, sed etiam ut ad doctrinam et monita ·addantur, et minæ et terror incutiantur, quo a flagittis et ab idolorum cultu deterreantur, ut tradit is qui sic Vincentio rescribit contra Donatistas: «Si terrerentur, inquit, et non docerentur; si non terrerentur, vetustate consuetudinis obdurarentur et ad capessendam viam salutis pigrius moverentur; quando quidem multi quos bene novimus reddita sibi ratione et manifestata ex divinis testimoniis veritate respondebant nobis cupere se in Ecclesiæ catholicæ communionem transire, sed violentas prædictorum hominum inimicitias formidare. Cum igitur terrori utili doctrina salutaris adjungitur, ut non solum tenebras erroris lux veritatis expellat, verum etiam malæ consuetudinis vincula vis timoris obrumpat, de multorum, ut dixi, salute lætamur.» Quod de hæreticis dictum ab Augustino, nobis quoque verissime licet de barbaris affirmare: quorum quam plurimi per terrorem cum doctrina injectum chistianam religionem acceperint, qui per solam doctrinam resisterent suorum

truído allí un templo ó iglesia y han profanado las vestiduras sagradas, haciendo ludibrio de las ceremonias del santo sacrificio de la misa. Pues si esto ha sucedido á nuestros apóstoles cuando los bárbaros habían recibido ya nuestro imperio y ha podido cometerse un atentado semejante ocupando nuestros soldados el país, aunque estuviesen un poco distantes, ¿qué no sucedería si enviábamos predicadores á instruir á aquellos bárbaros, á quienes ningún temor de nuestros ejércitos pudiera contener en sus desmanes impíos? Y eso que yo no solo digo que debemos conquistar á los bárbaros para que oigan á nuestros predicadores, sino también que conviene añadir á la doctrina y á las amonestaciones las amenazas y el terror, para que se aparten de las torpezas y del culto de los ídolos; y tengo sobre esto la autoridad de San Agustín, que escribe así á Vincencio contra los donatistas: «Si se los aterra y no se les enseña, la dominación parecerá inicua; pero al revés, si se les enseña y no se les infunde terror, se endurecerán en la costumbre antigua y se harán más lentos y perezosos para entrar en el camino de salvación; porque yo he conocido muchos que después que se les mostraba la verdad fundada en los divinos testimonios, respondían que ellos deseaban entrar en la comunión de la Iglesia católica, pero que temían las enemistades de los hombres violentos. Cuando se añade, pues, al terror útil la doctrina saludable, de modo que no sólo la luz de la verdad ahuyente las tinieblas del error, sino que también la fuerza del temor rompa los vínculos de las malas costumbres, podremos alegrarnos, como antes dije, de la salvación de muchos.» Lo que San Agustín dice de los herejes, nosotros, con igual verdad, podemos afirmarlo de los bárbaros; muchos de los cuales, que gracias al terror unido á la predicación han recibido la religión cristiana, hubieran resistido á la predicación sola por temor á sus

sacerdotum et principum timore perterriti, quos sacerdotes et principes valde probabile est sui commodi causa, et novitatem suspectam habentes, diligenter fuisse novæ religioni, ut suis rationibus inutilis, restituros. Itaque, et horum timor a popularibus removendus erat, et Christianorum injiciendus, nam ut in sacris Proverbiis est: *Verbis non emendabitur servus durus,* si enim intellexerit non ubediet. «Non quod quisquam, ut idem Augustinus ait, bonus possit esse injustus, sed quia timendo quod non vult pati, vel relinquens impedientem animositatem vel ignorantiam compellitur cognoscere veritatem, ut timens vel respuat falsum de quo contendebat, vel quærat verum quod nesciebat, et volens teneat jam quod nolebat. «Quam sententiam confirmat non modo singulorum hominum, sed multarum etiam civitatum exemplo, quæ cum fuissent Donatistæ jam catholicæ essent. Hujusmodi terroris occasione Ecclesia, igitur, ut idem Augustinus ait, *corrigit, quos, potest, tolerat quos corrigere non valet:* quod manare latissime, nec ad hæreticos solum, sed etiam ad paganos pertinere, qui numquam Christi fidem acceperint, et ad eam hos quoque fas esse compellere, saltem ab idolorum cultu pœnis et minis deterrendo, declarat idem Augustinus qui legem Constantini justissimi ac religiosi imperatoris, de qua dixi, capitali supplicio cultum idolorum vindicantem, et laudat, et a piis omnibus laudatam fuisse testatur. Quorum piorum consensus instar mihi esse videtur legis divinæ; quamquam eamdem legem a lege divina perspicue manasse paulo ante declaravimus.

L.—Sit sane ut præcipis, Democrates, liceatque Christianis imperio premere barbaras et impias nationes et a

sacerdotes y á sus príncipes, de quienes es muy probable que por interés propio y mirando la nueva religión como novedad sospechosa, se hubieran opuesto á ella. Había que desterrar, pues, de los ánimos del vulgo este temor, y en cambio infundirles el de los cristianos; porque como está escrito en los sagrados Proverbios: «Con palabras no se enmendará el siervo duro, porque si no las entiende no las obedecerá.» «No porque, como dice San Agustín, un hombre bueno pueda ser injusto, sino porque temiendo los males que no quiere padecer, ó bien depone la animosidad y la ignorancia en que vivía y se ve compelido por el temor á conocer la verdad, ó bien, rechazando lo falso que defendía, emprende buscar la verdad que ignoraba y acepta gustoso y sin violencia lo que antes rechazaba.» Y esta sentencia la confirma, no sólo con el ejemplo de muchos hombres particulares, sino también con el de muchas ciudades que habiendo sido antes donistas eran ya católicas. «Con ocasión del terror, la Iglesia, como dice el mismo San Agustín, corrige á los que puede tolerar, tolera á los que no puede corregir», y esto se extiende no sólo á los herejes, sino también á los paganos que nunca han recibido la fe de Cristo. Y que á éstos también es lícito obligarlos con penas y amenazas por lo menos, á apartarse del culto de los ídolos, lo declara el mismo San Agustín, que alaba en términos expresos y testifica que fué alabada por todos los hombres piadosos, la ley del justísimo y religioso emperador Constantino, que castigaba con pena capital el crimen de idolatría. Y esta universal aprobación de las personas piadosas tiene, para mí, casi la fuerza de ley divina, aunque también es cierto que la misma ley positiva de la ley divina emana, como antes he mostrado.

L.—Sea así como lo dices, ¡oh Demócrates! y sea lícito á los cristianos someter á su imperio las naciones bár-

scelere et nefariis religionibus prohibere, nec enim habeo quid contra dicam. Sed si prudentiæ, virtutum ac religionis præstantia hoc juris tribuit Hispanis in barbaros: an non eodem modo eodemque jure Galli, vel Itali, ad summam quæcumque Christiana natio eisdem barbaris prudentior, potior et humanior sibi potuisset imperium idem vindicare?

D.—Potuisse utique videtur res initio in dubium seu contentionem venire, quamquam hac in causa hoc potiore jure quæque natio est, quo prudentior, melior, justior et magis religiosa; quibus rebus omnibus perpaucæ nationes sunt, si verum quærimus, quæ possit cum Hispana comparari. Sed jam jure gentium, quo deserta fiunt occupantium, et Pontificis maximi privilegio factum est, ut horum barbarorum imperium ad Hispanos proprie pertineat. Non [105] quod illæ regiones justis dominis vacarent, qui suo jure poterant externos excludere, et ab auro et argento effodiendo, margaritisque piscandis in suo quisque regno prohibere. Nam ut agri et prædia suos habent dominos, sic tota regio et quidquid in ea est, mariaque et flumina republicæ sunt, aut principum, ut docent jurisconsulti, licet sint ad quosdam usus communia. Sed quoniam ipsi mortales, qui regiones tenebant, vacui erant ab imperio Christianorum et humanarum gentium; atque item propter decretum et privilegium summi Sacerdotis et Christi Vicarii; cujus et potestatis est, et officii, quæ pertinent ad tollendas dissensiones inter principes Christianos, occasiones providere, et officio religionem Christianam, si qua se

[105] Ms. «Nam».

baras é impías y apartarlos de sus torpezas y nefandas religiones. Y nada tengo que decir en contra de esto. Pero si la superioridad de prudencia, virtud y religión da ese derecho á los españoles sobre los bárbaros, ¿por qué no del mismo modo y con derecho igual hubieran podido vindicar este dominio los franceses ó los italianos; en suma, cualquiera nacion cristiana que sea más prudente, poderosa y humana que los bárbaros?

D.—Yo creo que la cuestión, en principio, puede ser materia de duda ó disputa, aunque sea cierto que en esta causa el mejor derecho está de parte de la nación que sea más prudente, mejor, más justa y más religiosa, y en todas estas cosas, si vamos á decir la verdad, muy pocas naciones son las que pueden compararse con España. Pero hoy ya por el derecho de gentes, que da el derecho de las tierras desiertas á los que las ocupen, y por el privilegio del Pontífice máximo se ha conseguido que el imperio de estos bárbaros pertenezca legítimamente á los españoles. No porque aquellas regiones carecieran de legítimos señores que hubieran podido, con perfecto derecho, excluir á los extranjeros y prohibirles la explotación de las minas de oro y de plata y la pesca de las margaritas cada cual en su reino; pues así como los campos y los predios tienen sus dueños, así toda la región y cuanto en ella hay y los mares y los ríos, son de la república ó de los príncipes, como enseñan los jurisconsultos, aunque para ciertos usos sean comunes; sino porque los hombres que ocupaban aquellas regiones carecían del trato de los cristianos y de las gentes civilizadas, y además por el decreto y privilegio del sumo sacerdote y vicario de Cristo, á cuya potestad y oficio pertenece sosegar las disensiones entre los príncipes cristianos, evitar las ocasiones de ellas y extender por todos los caminos

ostendat via, ratione ac jure dilatandi, quem oportere visum fuerit præficere.

L.—De justitia hujus belli atque imperii, quam magnis rationibus, et ab intima philosophia et theologia deductis, alteque ab ipsa rerum natura et æterna Dei lege repetitis declarasti et confirmasti; nihil est, Democrates, quod amplius disputemus. Namque fateor, posteaquam te audivi disserentem, omnem dubitationem et scrupulum, quo sollicitabar, abjecisse. Quoniam si recte animo superioris disputationis summam complector quatuor causas explicuisti ex quibus singulis bellum ab Hispanis juste barbaris istis inferri posse videatur.

Primum, si cum sint natura servi, barbari, inculti et inhumani, prudentiorum, potiorum, perfectiorumque imperium renuunt quod accipere debent ad magnas commoditates, ut justum est eo jure naturæ, quo materia formæ, corpus animæ, appetitus rationi, hominibus animalia bruta, viris mulieres, patribus filii, imperfecta, scilicet, perfectis, deteriora potioribus, debent, ut utrisque bene sit, obtemperare. Hic est enim ordo naturalis, quam divina et æterna lex ubique servari jubet: cujus sententiæ auctorem citasti non solum Aristotelem, quo ut aliarum moralium virtutum, sic justitiæ magistro et naturæ legumque naturalium sagacissimo interprete utuntur et Philosophi et Theologi præestantissimi; sed etiam Divum Thomam scholasticorum Theologorum facile principem, ejus enarratorem et emulum in explicandis naturæ legibus, quas omnes esse divinas et ab æterna lege manare declaraveras.

racionales y justos la religión cristiana. El sumo Pontífice, pues, dió este imperio á quien tuvo por conveniente.

L.—Nada tengo ya que replicar, ¡oh Demócrates! sobre la justicia de esta guerra y conquista, que me has probado con fuertes razones sacadas de lo íntimo de la filosofía y de la teología y derivadas de la misma naturaleza de las cosas y de la eterna ley de Dios. Te confieso que después de haber oído tu disertación he salido de todas las dudas y escrúpulos en que estaba. Reduciendo, pues, á breve suma toda la doctrina que has expuesto, cuatro son las causas en que fundas la justicia de la guerra hecha por los españoles á los bárbaros.

La primera es que siendo por naturaleza siervos los hombres bárbaros, incultos é inhumanos, se niegan á admitir la dominación de los que son más prudentes, poderosos y perfectos que ellos; dominación que les traería grandísimas utilidades, siendo además cosa justa, por derecho natural, que la materia obedezca á la forma, el cuerpo al alma, el apetito á la razón, los brutos al hombre, la mujer al marido, los hijos al padre, lo imperfecto á lo perfecto, lo peor a lo mejor, para bien universal de todas las cosas. Este es el orden natural que la ley divina y eterna manda observar siempre. Y tal doctrina la has confirmado no solamente con la autoridad de Aristóteles, á quien todos los filósofos y teólogos más excelentes veneran como maestro de la justicia y de las demás virtudes morales y como sagacísimo interprete de la naturaleza y de las leyes naturales, sino también con las palabras de Santo Tomás, á quien puede considerarse como el príncipe de los teólogos escolásticos, comentador y émulo de Aristóteles en explicar las leyes de la naturaleza, que como tú has declarado, son todas leyes divinas y emanadas de la ley eterna.

Alteram causam attulisti, ut tollantur nefandæ libidines et humanarum epularum portentosa flagitia, quibus plurimum rerum natura violatur, neve quod iram Dei maxime lacessit, demonia pro Deo colantur, idque prodigioso ritu humanis victimis inmolandis.

Deinde quod me judice, quod magnam vim et pondus habet ad hujus belli justitiam asserendam, ut graves injuriæ a plurimis innocentibus mortalibus, quos barbari quotannis immolabant, arcerentur, quas injurias a quibusvis hominibus repellere, cunctos homines, si possint, lege divina juberi docuisti, jureque naturæ.

Quarto loco posuisti, ut Christiana Religio, qua se aditus ostendit longe et late convenientibus rationibus per evangelicam prædicationem, propagetur aperta via et prædicatoribus, morumque et religionis magistris munita; atque ita munita, ut non solum ipsi tuto possint evangelicam doctrinam tradere, sed, sit a popularibus barbaris omnis timor suorum principum et sacerdotum remotus quo libere et impune possint christianam religionem accipere, et quo ad fieri possit, cunctis impedimentis idolorumque cultu sublatis, pia scilicet et justissima Constantini Imperatoris lege in paganos et cultum idolorum renovata; quæ ut facienda esse omnia auctore Augustino et Cypriano docuisti: sic fieri non posse, constat, nisi barbaris bello aut alia ratione pacatis.

Quibus rationibus explicandis usus es romanorum exemplo quorum imperium in cæteras nationes justum et legitimum fuisse auctoribus Augustino et Thoma confir-

La segunda causa que has alegado es el desterrar las torpezas nefandas y el portentoso crimen de devorar carne humana, crímenes que ofenden á la naturaleza, para que sigan dando culto á los demonios en vez de dárselo á Dios, provocando con ello en altísimo grado la ira divina con estos monstruosos ritos y con la inmolación de víctimas humanas. Y después añadiste una cosa que para mí tiene gran fuerza, y es de mucho peso para afirmar la justicia de esta guerra, es decir, el salvar de graves injurias á muchos inocentes mortales á quienes estos bárbaros inmolaban todos los años. Y tú probaste que la ley divina y el derecho natural obligan á todos los hombres á castigar y repeler, si pueden, las injurias hechas á otros hombres.

En cuarto lugar probaste con adecuadas razones que la religión cristiana debe ser propagada por medio de la predicación evangélica siempre que se presente ocasión para ello, y ahora está abierto y seguro el camino á los predicadores y maestros de las costumbes y de la religión; y tan seguro está que no sólo pueden predicar por donde quieran la doctrina evangélica, sino que se ha desterrado de los pueblos bárbaros todo temor de sus príncipes y sacerdotes para que puedan libre é impunemente recibir la religión cristiana, desterrados en lo posible todos los obstáculos y especialmente el culto de los ídolos, renovando la piadosa y justísima ley del emperador Constantino contra los paganos y la idolatría; todo lo cual has probado con autoridad de San Agustín y de San Cipriano, y es evidente que nada de esto hubiera podido hacerse sino sometiendo á los bárbaros con guerra ó pacificándolos de cualquier otro modo.

Y en apoyo de todas estas razones has traído el ejemplo de los romanos, cuyo imperio sobre las demás naciones es justo y legítimo, y eso que tú has declarado que para

masti, idque minoribus ex caussis accidisse declarasti. Nec Summi Sacerdotis Christi vicem gerentis decretum et auctoritatem huic imperio et bello adhibitam et interpositam silentio prætereundum putasti, cujus belli et imperii justitiam sic asserebas ut tamen omnem belli gerendi et imperandi temeritatem crudelitatem et avaritiam plurimum improbare et horum flagitiorum culpam cum a militibus præfectisque patrantur ad principes recidere docebas, pari Dei judicio damnandos, nisi summa ope cunctis rationibus provideant, ne talia scelera ab injustis hominibus admittantur. ¿Putasne in pauca contuli quæ tu pluribus verbis in explicanda justitia belli hujus disseruisti?

D.—Tu vero rectissime.

L.—Jam igitur illud, si placet, videamus, quod nihilominus quam superior quæstio potest bonorum ac piorum hominum mentes ancipiti judicio versare. An quia homines isti barbari sint et natura servi, adde etiam flagitia ac idolorum cultus, idcirco debent agris et urbibus, denique bonis omnibus et civili libertate ab intelligentibus, justis ac probis viris spoliari? Quod factum a quibusdam esse audio per summam avaritiam et crudelitatem. ¿Num quia miseri homines ad serviendum, magis quam ad imperandum nati sunt, idcirco libertatis civilis expertes esse judicari debent? Vel ideo, aut quia vitiosi sunt et a christiana religione alieni, non justi domini sunt domorum ac prædiorum suorum?

D.—Quæ pessima sunt aut pessime fiunt, nemo nisi pessimus probabit. Tu tamen erras, Leopolde, si nullam justam causam fuisse putas, cur quidam illorum libertate ac bonis mulctarentur, non quod sint, ut sunt natura servi, et ob eam causam nullam habeant libertatem, nec quid-

esto hubo muy menores causas. Y tampoco creíste deber pasar en silencio el decreto y autoridad del Sumo Sacerdote y Vicario de Cristo. Pero al afirmar la justicia de esta guerra y de este dominio no has tenido reparo en condenar la temeridad, crueldad y avaricia de muchos, y añadiste que la culpa de estos crímenes perpretados por los soldados ó por los capitanes recae en los príncipes mismos, y que serán responsables de ellos ante el juicio de Dios, si no procuran con mucho ahinco y por todos los medios posibles que los hombres injustos no cometan semejantes atentados. ¿Crees que he recopilado bien, aunque en pocas palabras, las razones que tú largamente has expuesto para defender la justicia de esta guerra?

D.—Perfectamente las has compendiado.

L.—Lleguemos pues, si te place, á otra cuestión que suele disputarse con no menor variedad de pareceres entre los hombres buenos y piadosos. Porque estos hombres sean bárbaros y siervos por naturaleza, y aunque se añada á esto el pecado nefando y la idolatría ¿será justo que los hombres inteligentes, rectos y probos vayan á despojarlos de sus campos y ciudades y de todos sus bienes y su libertad civil, lo cual, según tengo entendido, han hecho muchos con grande avaricia y crueldad? ¿Y porque esos infelices hayan nacido para servir y no para mandar, deberán carecer de libertad civil? ¿Porque sean viciosos y no profesen la religión cristiana, dejarán de ser legítimos dueños de sus casas y de sus predios?

D.—Las cosas que de suyo son pésimas ó que se hacen con pésima intención, nadie que no sea un perverso puede aprobarlas. Pero andas muy equivocado, ¡oh Leopoldo! si crees que no ha habido ninguna causa justa para que algunos de ellos hayan sido despojados de sus bienes y de su libertad, no porque sean, como por naturaleza son, siervos y á causa de eso no tengan libertad ninguna.

157

quam suum, quod putare puerile est; quosdam enim videlicet, etiam in gentibus humanioribus servos ad naturæ
normam, qui ad civilem non modo liberi sunt, sed habentur
etiam nobilissimi et magnorum patrimoniorum domini
gregesque servorum possident, quorum quidam optimo
jure naturæ possent ipsis imperare, nec quod flagitiose
vivant, quodve sint idolorum cultores: nulla enim vitia,
nullus error facit, ut non sit quisque verus dominus earum
rerum, quæ alioquin juste paravit et possidet; nec si quis
crimen admiserit, quod sit bonorum publicatione sancitum,
statim desinit dominus esse sui patrimonii, nec indicta
causa damnari debet, nec indemnatus spoliari.[106]

L.—Quo igitur jure? Qua lege istorum quisque populus
aut homo potest libertate et bonis spoliari?

D.—Ea scilicet, quæ in promptu est, qua homines etiam
boni communiter utuntur, quæ jure gentium et naturæ
continetur, ut qui justo bello victi fuerint, ii et ipsi et
ipsorum bona victorum fiant et capientium; hinc enim
servitus civilis nata est. Quod quamquam est justis bellis
omnibus commune; tamen cum res ablatæ repetuntur, pro
ratione acceptarum injuriarum et incommodorum damna
hostibus inferenda esse censent viri sapientes et religiosi.
Cum vero jussu aut lege Dei peccata et idolorum cultus
in impiis hominibus puniuntur, si contumaciter repugnent,
plus in hostium corpora et bona licere exemplo docent

---

[106] Glos. in. c. *Fraternitas* 12. q. 2.

Pensar esto sería cosa pueril, porque vemos aún entre las gentes más cultas algunos siervos por nacimiento que no sólo disfrutan de la libertad civil, sino que son tenidos por nobilísimos y poseen grandes patrimonios é innumerables servidores, algunos de los cuales en estricto derecho natural podrían imperar sobre ellos. Ni tampoco es razón el que su vida sea viciosa ni el que sean idólatras, porque no hay vicio ni error alguno que pueda impedir que cada cual sea verdadero señor de aquellas cosas que ha adquirido y posee con justo título; y si alguno comete un crimen que esté castigado con pena de confiscación de bienes, no por eso deja inmediatamente de ser dueño de su patrimonio, y no puede ser condenado sin formación de causa, ni despojado de sus bienes sin que preceda la sentencia.

L.—¿Qué derecho, qué ley pues es la que autoriza para despojar á un pueblo ó á un hombre de su libertad ó de sus bienes?

D.—Una bien obvia, que ponen en ejecución á cada paso los hombres más buenos y justos, porque está apoyada en el derecho natural y en el derecho de gentes; es á saber, que las personas y los bienes de los que hayan sido vencidos en justa guerra pasan a los vencedores. De aquí nació la esclavitud civil. Y aunque este sea un derecho común á todas las guerras justas, todavía cuando la guerra se hace sólo para rescatar las cosas que han sido arrebatadas, enseñan los varones sabios y religiosos que los daños que se causen al enemigo deben estar en rigurosa proporción con las injurias y perjuicios recibidos. Pero cuando por mandamiento ó ley de Dios se persiguen y se quieren castigar en los hombres impíos los pecados y la idolatría, es lícito proceder más severamente con las personas y los bienes de los enemigos que hagan contumaz resistencia. Y esto lo enseñan muchos

Scripturæ sacræ, et gravissimus auctor Ambrosius declarat his verbis: «Cum sic divino jussu ad punienda peccata populi excitantur, sicut populus ille Judaicus est excitatus ad occupandam terram promissionis; et ad delendas gentes peccatrices sine culpa noxius sanguis effunditur; et quæ ab eis male possidentur, in jus et dominium transeunt bonorum.» Ut hac quoque ratione appareat bellum quod a nostris illatum est istis barbaris, nec abhorrere a lege divina, et cum jure gentium consentire: quod est naturæ consentaneum, et quo servitutes et hostilium bonorum occupationes sunt inductæ.

L.—Hac quoque parte tu jus gentium putas a natura non abhorrere, quæ prorsus contraria est juri naturali, quo scilicet omnes homines initio liberi nati esse dicuntur; nisi forte putamus duas justas leges et naturales inter sese pugnare posse, quod, quid dici, aut fieri possit absurdius?

D.—Nullæ leges non dico naturæ, sed nec civiles quidem quæ justæ sint possunt esse penitus contrariæ, cum justo enim nihil pugnat nisi injustum, cum bono nihil nisi malum. Nam ut vero quæ vera sunt omnia consonant, ut docent philosophi; sic omnia justa justis, et bonis bona consentiunt. Tempus autem incidere potest, cum ex duabus justissimis legibus, et naturalibus altera prætereunda sit eadem natura duce, altera servanda: ut socii crimen occultum celare lex naturalis est; patriæ commodis et saluti consulere, justum etiam est jure naturæ: sed si amicum vir bonus et religiosus insidias moliri patriæ solus noverit, cum male cogitantem nulla commodiore ratione deterrere

ejemplos de la Sagrada Escritura, y lo declara un autor tan grave como San Ambrosio por medio de estas palabras: «Cuando por mandamiento divino se levantan los pueblos para castigar los pecados, como fué suscitado el pueblo judáico para ocupar la tierra de promisión y destruir gentes pecadoras, puede derramarse sin culpa la sangre de los pecadores, y lo que ellos malamente poseen pasa al derecho y dominio de los buenos». Esta razón prueba también que la guerra que los nuestros hacen á esos bárbaros no es contraria á la ley divina y está de acuerdo con el derecho natural y de gentes, que ha autorizado la servidumbre y la ocupación de los bienes de los enemigos.

L.—¿Cómo puedes sostener que el derecho de gentes no es contrario á la naturaleza precisamente en una cosa que tanto se aparta del derecho natural? ¿Qué quiere decir la doctrina que afirma que en un principio todos los hombres fueron libres? ¿Hemos de creer el absurdo de que pueden existir dos leyes justas y naturales que sean contrarias entre sí?

D.—Nunca puede haber dos leyes naturales, ni siquiera civiles, que sean totalmente contrarias, porque nada es contrario á lo justo sino lo injusto, ni lo bueno tiene otro contrario que lo malo. Y así como todas las verdades tienen conveniencia entre sí, según enseñan los filósofos, así también lo justo concuerda con lo justo y lo bueno con lo bueno. Pero puede haber alguna ocasión en que de dos leyes justísimas y naturales obligue la misma naturaleza á prescindir de la una y á observar la otra. Callar el crimen oculto de un amigo es ley natural: mirar por los intereses de la patria y por su salvación es ley natural también; si un hombre bueno y religioso sabe que su amigo conspira contra la salud de la patria y no puede por ningún otro camino apartarle de su mal

potuerit, salutem patriæ socii commodis et cupiditatibus anteponet et impios ejus conatus ad principem seu magistratum deferet, idque faciet Deo et natura duce, cui placet in hujusmodi legum contentione, eam præteriri, quæ minus incommodi sit allatura, ut sancti et gravissimi Patres in octavo Concilio Toletano [107] declararunt his verbis: «*Duo mala licet sint omnino cautissime præcavenda, tamen si periculi neccesitas ex his unum temperare compulerit, id debemus resolvere, quod minore nexu noscitur obligare. Quid autem levius, quidve sit gravius pietatis acumine id est rectæ rationis judicio investigandum est.*» Et Gregorius: [108] «*Cum mens inter minora et majora peccata constringitur, si omnino nullus sine peccato aditus patet, minora semper eligantur.* Quamquam igitur a natura justum est ut quisque utatur libertate naturali, ratio tamen et naturalis hominum necessitas, tacito gentium consensu constituit, seu probavit, ut cum ventum fuerit ad arma, qui justo bello capti fuerint, servi fiant capientium, non solum quia quod vincit, victo est potius aliqua virtute, ut docent Philosophi,[109] utque potiori deterius subsit et pareat justum est lege naturæ, sed etiam ut hoc invitamento malint homines victos servare, unde servi dicti sunt, quam interimere, quod pertinet ad tuendam societatem humanam. Est enim *societas quædam naturalis,* ut sæpe dico et docent philosophi, *omnium hominum inter ipsos.*[110] Quid autem necessarium est, ad naturalem societatem tuendam, id justum esse lege naturæ sapientes viri [111] testantur. Ad summam

---

[107] C. Tol. 8. c. 2, et habetur Dist. 19. c. *Si duo mala.*
[108] Dist. l. c. *Jus gentium.*
[109] Pol. 1.
[110] Cic. de Off. 1.
[111] S. Th. Direct. Princ. 1. 3. c. 11.

162

propósito, debe anteponer la salvación de la patria al interés y á la ambición de su amigo y delatar al príncipe ó al magistrado sus impíos proyectos; y en esto cumplirá el precepto de Dios y de la naturaleza que en este conflicto de dos leyes manda preferir aquella que tenga menores inconvenientes, como lo declararon los santos y gravísimos padres del octavo Concilio Toledano en estas palabras: «Aunque conviene evitar con toda cautela dos males, no obstante si la necesidad y el peligro nos obliga á tolerar uno de ellos, debemos preferir la obligación mayor á la menor. Cuál sea lo más leve, cuál lo más grave, ha de decirlo la discreta piedad y el recto juicio de la razón.» Y San Gregorio dice: «Entre el pecado mayor y el menor, cuando no hay medio de evitar el pecado, debe elegirse el menor.» Aunque sea, pues, justo y conforme á la naturaleza que cada cual use de su libertad natural, la razón, sin embargo, y la natural necesidad de los hombres, ha probado, con tácita aquiescencia de todos los pueblos, que cuando se llega al trance de las armas, los vencidos en justa guerra queden siervos de los vencedores, no solamente porque el que vence excede en alguna virtud al vencido, como los filósofos enseñan, y porque es justo en derecho natural que lo imperfecto obedezca a lo más perfecto, sino también para que con esta codicia prefieran los hombres salvar la vida á los vencidos (que por esto se llaman siervos, de *servare*) en vez de matarlos: por donde se ve que este género de servidumbre es necesario para la defensa y conservación de la sociedad humana. Pues como enseñan los filósofos y muchas veces he repetido, hay cierta sociedad de todos los hombres entre sí. Lo que es necesario para la defensa de la sociedad natural, ha de ser justo por la ley de naturaleza, según testifican los varones más sabios. Los filó-

quod necessitate humana fuerit inductum, id jure naturæ niti philosophi declarant.[112]

Amissa porro libertate, bona retineri quomodo possunt? Quæ cum fiant capientium, efficitur, ut victoris magis temperent ab ædificiorum incendiis et populationibus agrorum. Salvis autem hominibus, ædificiis, et arboribus, non pessime cum victis agitur, nec spes abest victorum clementia posse victis libertatem, vel etiam bona, si non æquissimis, tolerandis tamen conditionibus restitui, ut sæpe fit ab hominibus non prorsus humanis nisi obsit debellatorum antegressa crudelitas repugnando et pertinacia. Atque his quidem rationibus, et humanis necessitatibus hanc bellicam legem existimo jure gentium fuisse sancitam sive probatam; quæ cum moribus et consensu gentium humanarum probetur, de justitia ejus non debet dubitari, cum hominum communis de re aliqua consensus vocem seu judicium esse naturæ viri sapientes[113] interpretentur. Sed quid nos agimus rationibus humanis cum liceat apostolorum ac potius Christi in apostolis loquentis uti testimoniis? Paulus enim in epistola, quæ est ad Colossenses,[114] non solum non improbat ut injustam servitutem contractam jure gentium, sed dat etiam præcepta, explicatque servorum in dominos et dominorum in servos officia: *Servi,* inquit, *obedite, per omnia dominis carnalibus, non ad oculum servientes quasi hominibus placentes, sed in simplicitate cordis timete Deum.* Quibus verbis declarat non timere Deum id est graviter peccare eum qui, cum servus sit, domino suo non

[112] Pol. 1.
[113] Ethic. 10.
[114] Coloss. 3.

sofos enseñan que todo lo que ha sido introducido por necesidad humana se funda en el derecho natural.

Perdida la libertad, ¿cómo han de retenerse los bienes? El pasar estos á poder de los vencedores hará que estos procedan con mayor templanza y se abstengan de incendiar los edificios y devastar los campos. Salvados así los hombres, los edificios y los árboles, todavía no resulta pésima la condición de los vencidos, y siempre queda la esperanza de que la clemencia de los vencedores pueda restituirles la libertad y aun sus bienes, si no con las condiciones más favorables, á lo menos con tolerables condiciones, como vemos que muchas veces lo hacen hasta hombres no enteramente humanos, cuando á ello no se opone la dureza y pertinacia con que hayan resistido los vencidos. Fundado en esta razón de necesidad humana, juzgo que esta ley de la guerra ha sido sancionada y aprobada por el derecho de gentes, y que habiendo sido confirmada por las costumbres y el asentimiento de todo el género humano, no es lícito dudar de su justicia, porque el consenso común de los hombres sobre alguna cosa es interpretado por los varones sabios como voz o juicio de la naturaleza. Pero ¿á qué detenernos en razones humanas cuando podemos invocar testimonios de los Apóstoles, ó más bien de Cristo que habla por boca de los Apóstoles? San Pablo, en la epístola á los Colosenses, no solamente no reprueba la esclavitud contraída por el derecho de gentes, sino que da preceptos y explica las obligaciones de los señores para con los siervos y de los siervos para con los señores. Dice á los siervos: «Obedeced en todo á vuestros señores temporales; servidlos no con vano deseo de agradar á los hombres; pero en la simplicidad de vuestro corazón temed á Dios.» Con cuyas palabras declara que no teme á Dios, esto es, que peca gravemente, aquel que siendo siervo no

servit et obtemperat: *et vos,* inquit, *domini quod justum est et æquum servis præstate, scientes quoniam et vos dominum habetis in cœlo.* Non dicit: servos manumittite, servos liberate, quod oportebat, si lex divina servitutem humanam condemnaret; sed, juste et humane servos tractate. In eamdem sententiam idem in alio loco.[115] *Servi,* ait, *obedite dominis carnalibus cum timore et tremore, et vos domini eadem facite illis remitentes minas.* Petrus quoque princeps Apostolorum in Epistola [116] servos jubet dominis obtemperare, non tantum bonis et modestis, sed etiam difficilibus. Sed quamquam jure gentium capti justo bello servi fiunt capientium; more tamen christianorum, cum bellum gerunt inter se, capti spoliantur dumtaxat, non etiam rediguntur in servitutem, nisi quod locupletes pro ratione divitiarum pretio sese redimere coguntur. Justum igitur bellum causa est justæ servitutis, qua jure gentium contracta, libertas amittitur et bona.

Itaque in his barbaris longe alia causa est eorum, qui consilio, aut timore ducti se Christianis in potestatem atque fidem permiserunt. Nam ut de illorum libertate et fortunis princeps victor suo jure ac voluntate potest quod visum fuerit statuere, sic hoc in servitutem redigere et bonis spoliare injustum est, ne dicam impium et nefarium. Quos tamen stipendiarios et vectigales habere licet pro ipsorum videlicet natura et conditione: quanti enim intersit inter deditorum, et vi superatorum causam Deus ipse declaravit, cum filiis Israel præcepta daret belli gerendi.[117]

[115] Ephes. 6.
[116] 1 Petri. c. 2.
[117] Deut. 20.

sirve y obedece á su señor. Y á los señores les dice «Haced con vuestros siervos lo que sea justo y equitativo, porque también vosotros tenéis vuestro dueño, que está en los cielos.» No les dice: manumitid á vuestros siervos, ponedlos en libertad, como hubiera dicho si la ley divina condenase la esclavitud humana; sino que les dice: tratad con justicia y humanidad á vuestros siervos. Y con el mismo sentido dice en otra parte: «Siervos, obedeced á vuestros señores temporales con temor y temblor, y vosotros, dueños, no los aterréis con amenazas.» También San Pedro, príncipe de los Apóstoles, manda en una de sus epístolas que los siervos obedezcan á los señores, no sólo á los buenos y modestos, sino también á los duros y difíciles. Pero aunque por el derecho de gentes los cautivos hechos en justa guerra pasen á poder de los vencedores, sin embargo, dentro de las costumbres cristianas, los cautivos son únicamente despojados, pero no reducidos á servidumbre, y solamente á los ricos se les obliga á un rescate. Por consiguiente, la justa guerra es causa de justa esclavitud, la cual, contraída por el derecho de gentes, lleva consigo la pérdida de la libertad y de los bienes. Pero por lo que toca á estos bárbaros, hay que hacer distinción entre aquellos que resistieron con las armas á los españoles y fueron vencidos por ellos, y aquellos otros que por prudencia ó por temor se entregaron á merced y potestad de los cristianos. Así como de la fortuna y libertad de aquéllos puede decidir á su arbitrio el vencedor, así el reducir los otros á servidumbre y despojarlos de sus bienes, me parece acción injusta, por no decir impía y nefanda. Solamente es lícito tenerlos como estipendiarios y tributarios según su naturaleza y condición. La diferencia que hay entre la causa de los rendidos y la de los que han sido domeñados por la fuerza, el mismo Dios la declaró cuando daba preceptos

Si quando, inquit, *accesseris ad expugnandam civitatem offeres ei primum pacem; si receperit, et aperuerit tibi portas, cunctus populus qui in ea est salvabitur, et serviet tibi sub tributo, sin autem fœdus inire volverit, et ceperit contra te bellum, oppugnabis eam; cumque tradiderit Dominus Deus tuus illam in manu tua, percuties omne quod in ea generis masculini est in ore gladii absque mulieribus et infantibus, jumentis et cæteris quœ in civitate sunt: omnem prædam exercitui divides et comedes de spoliis hostium tuorum.* Ne quis vero putet, non de procul remotis, sed de iis tantum urbibus Deum præcepisse quas filiis Israel habitandas præbebat, protinus adjecit: *Sic facies,* inquit, *cunctis civitatibus quœ a te procul valde sunt, et non sunt de his urbibus, quas in possessionem accepturus es; de his autem civitatibus quæ dabuntur tibi, nullum omnino prætermittes vivere, sed interficies in ore gladii.* Est tamen boni ac religiosi principis in dedititios justitiæ, in illos alteros habere rationem humanitatis, et in neutros aut velle, aut pati crudeliter imperare; eoque magis, quod ut Hispani si bono animo ducti sunt, justam et piam inferendi belli, sic illi probabilem causam habuerunt vim repellendi ac propulsandi, nondum cognita justitia et veritate, quæ nec sola Christianorum affirmatione, nec paucis diebus cognosci poterat, nec aliter denique quam longo tempore rebus ipsis declarari, ut nec Hispanos vituperare liceat, quod breve in causa sua honestissima, non longum, quod frustra esset, spatium eis tribuerent ad deliberandum, nec illos accusare, quod ignotis et externis hominibus auctoribus sibi temere de summa rerum suarum statuendum esse non existimarent. Itaque mihi præter omnem æquitatem esse videretur ob solam belli propulsandi culpam hos barbaros in servitutem

á los hijos de Israel sobre el modo de hacer la guerra: «Cuando te acerques á expugnar una ciudad la ofrecerás primero la paz, y si la aceptare y te abriere las puertas, todo el pueblo que haya en ella será salvado y te servirá con tributo; pero si no quiere la alianza contigo y emprende hacerte guerra, la combatirás, y cuando el Señor Dios tuyo la entregue en tus manos, pasarás al filo de la espada todo lo que pertenezca al género masculino, reservando sólo las mujeres y los niños y las bestias de carga que haya en la ciudad, y dividirás toda la presa entre tu ejército, y comerás de los despojos de tus enemigos.» Y para que no se crea que Dios no hablaba de estas naciones remotas, sino tan solamente de aquellas ciudades que entregaba á los hijos de Israel para su habitación, añadió en seguida: «Harás lo mismo con todas aquellas ciudades que están muy lejos de ti y no son de aquellas que has de recibir para tu posesión; pero en las ciudades que se te entregaren, á nadie dejarás con vida, sino que á todos los pasarás al filo de la espada.» Es obligación de un príncipe bueno y religioso tener cuenta en los rendidos con la justicia, en los vencidos con la humanidad, y no consentir crueldades ni contra unos ni contra otros, considerando también que así como los españoles, si llevaban buen propósito, tenían justa y piadosa causa para hacer la guerra, así también ellos tuvieron causa probable para rechazar la fuerza con la fuerza, no habiendo conocido todavía la justicia y la verdad que no podía ser conocida en pocos días ni por la sola afirmación de los cristianos, y que sólo después de largo tiempo y por las obras mismas podía hacerse manifiesta; y así ni ha de culparse á los españoles porque llevando tan honrosa empresa les concediecen tiempo breve para deliberar, sin perder el tiempo en inútiles dilaciones, ni tampoco se ha de acusar á los bárbaros

redigere, nisi si qui per crudelitatem et pertinaciam aut perfidiam et rebellionem dignos sese præbuissent, in quos victores æquitatis magis quam juris bellici rationem habendam esse existimarent.

L.—Tibi ergo perhumana illa et liberalis ratio, vel imprimis probaretur ut illi mortales, qui accepta religione Christiana imperium Principis Hispanorum non recusant, pari juris conditione uterentur ac christiani cæteri, et hispani qui sunt ejusdem regis imperio subjecti.

D.—Mihi vero vehementer improbaretur: nihil est enim magis contra justitiam *distributivam* appellatam, quam disparibus paria tribuere, et qui dignitate ac virtute et meritis superiores sunt, hos cum inferioribus, vel commodis, vel honore, vel paritate juris exæquari. Hoc enim est illud quod Homericus Achilles quasi summam injuriam Agamnenoni regi apud ejus legatos jure, ut confirmat Aristoteles, objiciebat, quod bonos et malos, fortes et ignavos paribus commodis et honoribus afficeret. «Improbus, inquit, atque probus pariter donantur honore»: quod non solum in singulis hominibus est vitandum, sed etiam in universis naticnibus, quippe varia hominum conditio varias efficit juste imperandi rationes, et diversa justorum imperiorum genera. Nam in homines probos, humanos et intelligentes imperium *civile* convenit, quod liberis hominibus accommodatum est, vel *regium* quod *paternum* imitatur, in barbaros et parum habentes solertiæ et humanitatis, *herile*. Itaque non modo Philosophi [118] sed etiam præstantissimi Theologi non dubi-

---

[118] Polit. 3.

porque juzgasen cosa dura hacer tal mutación en su modo de vivir, sólo porque se lo dijesen hombres ignorados y extraños. Sería, pues, contra toda equidad el reducir á servidumbre á estos bárbaros por la sola culpa de haber hecho resistencia en la guerra, á no ser aquellos que por su crueldad, pertinacia, perfidia y rebelión se hubiesen hecho dignos de que los vencedores los tratasen más bien según la rigurosa equidad que según el derecho de la guerra.

L.—De manera, que te parecería disposición muy humana y liberal el que aquellos bárbaros que han recibido la religión cristiana y no rechazan el señorío del príncipe de España, disfrutasen de iguales derechos que los demás cristianos y que los españoles que están sometidos al imperio del rey.

D.—Por el contrario, me parecería cosa muy absurda, pues nada hay más contrario á la justicia distributiva que dar iguales derechos á cosas desiguales, y á los que son superiores en dignidad, en virtud y en méritos igualarlos con los inferiores, ya en ventajas personales, ya en honor, ya en comunidad de derecho. Esto es lo que el Aquiles de Homero decía como la mayor injuria á los legados del rey de Agamemnón, y no con poco fundamento según Aristóteles lo confirma; es á saber: que daba iguales bienes y honores á los buenos y á los malos, á los esforzados y á los cobardes; lo cual se ha de evitar no sólo en los hombres tomados particularmente, sino también en la totalidad de las naciones, porque la varia condición de los hombres produce varias formas de gobierno y diversas especies de imperio justo. Á los hombres probos, humanos é inteligentes, les conviene el imperio *civil*, que es acomodado á los hombres libres, ó el poder regio que imita al paterno: á los bárbaros y á los que tienen poca discreción y humanidad les conviene el dominio

tant quasdam esse nationes affirmare in quas *herile* imperium magis quam *regium* aut *civile* conveniat quod duplici ratione accidere docent, vel quia sunt natura servi, quales provenire, ajunt, in regionibus quibusdam ac mundi declinationibus, vel quia morum pravitate, aut alia causa non aliter possunt in officio contineri; quorum utrumque nunc congruit in his nondum bene pacatis barbaris. Quantum igitur interest inter natura liberos et natura servos, tantum interesse debet inter rationes Hispanis et barbaris istis imperandi lege naturæ, quippe in alteros *regium* imperium convenit, in alteros *herile*. Est autem *regium* imperium, ut Philosiphi [119] docent, simillimum administrationi domesticæ nam domesticam administrationem, regnum quoddam domus esse tradunt; vicissimque regnum administrationem domesticam civitatis, et gentis unius, aut plurium. Cum igitur in magna domo filii sint et servi seu mancipia, et utrisque interjectis ministri conditionis liberæ, et omnibus justus et humanus paterfamilias imperet, non tamen uno modo, sed cujuscumque ordinis conditione: Hispanos ego ab optimo et justo rege, qui velit, ut debet, talem patremfamilias imitari, paterno prope imperio gubernandos esse dico; barbaros istos tanquam ministros, sed liberos, quodam ex herili et paterno temperato imperio regendos, et pro ipsorum et temporis conditione tractandos. Nam temporis progressu cum iidem fuerint humaniores facti, et probitas morum ac religio christiana cum imperio confirmata, liberius erunt liberaliusque tractandi ministri,[120] et ut mancipia

119 Polit. 3.
120 Ms. «*mihi*».

172

heril y por eso no solamente los filósofos, sino también los teólogos más excelentes, no dudan en afirmar que hay algunas naciones á las cuales conviene el dominio heril más bien que el regio ó el civil; y esto lo fundan en dos razones; ó en que son siervos por naturaleza, como los que nacen en ciertas regiones y climas del mundo, ó en que por la depravación de las costumbres ó por otra causa, no pueden ser contenidos de otro modo dentro de los términos del deber. Una y otra causa concurren en estos bárbaros, todavía no bien pacificados. Tanta diferencia, pues, como la que hay entre pueblos libres y pueblos que por naturaleza son esclavos, otra tanta debe mediar entre el gobierno que se aplique á los españoles y el que se aplique á estos bárbaros: para los unos conviene el imperio regio, para los otros el *heril*. El imperio regio, como dicen los filósofos, es muy semejante á la administración doméstica, porque en cierto modo la casa viene á ser un reino, y viceversa, el reino es una administración doméstica de una ciudad y de una nación ó de muchas. Al modo, pues, que en una casa grande hay hijos y siervos, y mezclados con unos y otros, ministros ó criados de condición libre, y sobre todos ellos impera el justo y humano padre de familias, pero no del mismo modo ni con igual género de dominio, digo yo que á los españoles debe el rey óptimo y justo, si quiere, como debe, imitar á tal padre de familias, gobernarlos con imperio casi paternal; y á los bárbaros tratarlos como ministros ó servidores, pero de condición libre, con cierto imperio mixto y templado de heril y paternal, según su condición y según lo exijan los tiempos. Y cuando el tiempo mismo los vaya haciendo más humanos y florezca entre ellos la probidad de costumbres y la religión cristiana, se les deberá dar más libertad y tratarlos más dulcemente. Pero como esclavos no se los debe tratar

vero nulli unquam tractari debent, nisi si qui scelere et perfidia, et in bello gerendo crudelitate et pertinacia dignos sese præbuerint ea pœna et calamitate. Itaque non abhorret neque a justitia, nec a religione christiana horum quibusdam per oppida vel pagos viros probos Hispanos justos et prudentes præficere, præsertim eos, quorum opera in ditionem redacti fuerint, qui eos humanis probisque moribus instituendos, et christiana religione,[121] quæ non tam vi quam exemplis et persuasione tradenda est, initiandos atque imbuendos, erudiendosque curent, simulque ipsorum operis et fortunis utantur, juventurque ad usus vitæ, tum necessarios, tum etiam liberales. *Dignus est enim operarius mercede sua,* ut ait Christus in Evangelio,[122] et Paulus: [123] *Si spiritualium* inquit, *eorum participes facti sunt gentiles, debent et in carnalibus ministrare illis.* Cunctis tamen fugienda in primis est imperandi crudelitas, et avaritia, quæ mala ex justissimis imperiis, injustissima faciunt et nefaria. «Nam regna, ut Augustinus clamat,[124] sine justitia non regna sunt sed latrocinio.» Unde pirata ille Alexandro Macedoni increpanti se atque ita interroganti: «Cur tu mare habes infectum? Respondit: Cur tu terrarum orbem? Sed quia id ego parvo navigio facio, *latro* vocor; tu quia magna classe, *Imperator.*» Quod de regnis dictum patet lastissime, pertinetque ad omnia imperia et præfecturas quæ injuste et crudeliter administrantur. Hæc igitur mala fugienda in primis esse docet Paulus,[125] præcipitque cum ait: *Vos,* inquit, *domini, quod justum est et æquum servis præstate.* Non vetat nec humanitatis aut justitiæ ratio, nec christiana Philosophia subjectis mortali-

---

121 Conc. Tolet. IV, c. 56.
122 Lucae 10.
123 Rom. 15.
124 *De Civit. Dei,* l. 4. c. 4.
125 Coloss., 4.

nunca, á no ser á aquellos que por su maldad y perfidia, ó por su crueldad y pertinacia en el modo de hacer la guerra, se hayan hecho dignos de tal pena y calamidad. Por la cual no me parece contrario á la justicia ni á la religión cristiana el repartir algunos de ellos por las ciudades ó por los campos á españoles honrados, justos y prudentes, especialmente á aquellos que los han sometido á nuestra dominación, para que los eduquen en costumbres rectas y humanas, y procuren iniciarlos é imbuirlos en la religión cristiana, la cual no se trasmite por la fuerza, sino por los ejemplos y la persuación, y en justo premio de esto se ayuden del trabajo de los indios para todos los usos, así necesarios como liberales, de la vida. «Todo operario es digno de su salario», dice Cristo en el Evangelio. Y San Pablo añade: «Si los gentiles se han hecho partícipes de las obras espirituales, deben también prestar su auxilio en las temporales.» Pero todos deben huir la crueldad y la avaricia, porque estos males bastan á convertir los imperios más justos en injustos y nefandos. Porque los reinos sin justicia (como clama San Agustín) no son reinos, sino latrocinios. Por eso aquel pirata, cuando Alejandro de Macedonia le increpaba: «¿Por qué tienes infestado el mar?», le respondió: «¿Y tú, por qué infestas la tierra? Porque yo hago mis robos en un pobre barco me llaman ladrón; á ti porque los haces con un gran ejército te llaman emperador.» Esto que se dice de los reinos tiene mucha más extensión y puede aplicarse á todos los imperios y prefecturas que son administradas injusta y cruelmente. Estos son los males que en primer término deben evitarse, como nos lo manda San Pablo cuando dice: «Vosotros, señores, haced lo que es justo y equitativo con vuestros siervos.» No hay ninguna razón de justicia y humanidad que prohiba, ni lo prohibe tampoco la filosofía cristiana,

175

bus imperare, tributa exigere, quæ justa merces laborum
est, et ad principes, magistratusque et milites alendos,
necessaria; nec prohibet habere servos, nec servorum operis
uti moderate; sed avare et crudeliter imperare, servos
intolerabili servitute premere, quorum saluti et commodis
necessariis, ut partibus suis consulendum est. Servus enim,
ut Philosophi declarant, tamquam pars est domini animata,
sejuncta tamen. Hæc omnia et similia scelera, non religiosi
modo, sed boni homines et humani detestantur. Nam si,
Paulo auctore,[126] *qui non habet curam suorum fidem nega-*
vit, et est infideli deterior, quanto is nequior et detestabilior
habendus est, qui non modo curam non habeat eis, qui
suæ fidei commisi sunt, consulendi; sed eos vel exactio-
nibus intolerandis, vel iniquissima servitute, et assiduis nec
ferendis laboribus excruciet atque conficiat, ut quidam
per summam avaritiam et crudelitatem in quibusdam in-
sulis fecisse memorantur? Quæ flagitia ne amplius perpetrentur cunctis rationibus justo ac religioso principi
providendum est, ut sæpe dico, ne aliena scelera ipsi
propter negligentiam in hoc sæculo infamiam, in altero
pariant damnationem æternam. «Nihil, enim prodest cuipiam, ut ille Pontifex ait,[127] non puniri proprio, qui punien-
dus est de alieno peccato: habet autem, inquit, procul
dubio facientis culpam, qui quod potest corrigere, negligit
emendare.» Et Damasus Papa:[128] «Qui potest, inquit, obviare et perturbare perversos, et non facit, nihil est aliud
quam favere impietati.»

Sic igitur, ut aliquando perorem, et quæ sentio in
pauca conferam, his malis omnibus occurrendum, pro-

---

126 1 Timoth. 5.
127 Dist. 18. c. *Facientis.*
128 23. q. 3. c. *Qui potest.*

dominar á los mortales que están sujetos á nosotros, ni exigir los tributos que son justo galardón de los trabajos, y son tan necesarios para sostener á los príncipes, á los magistrados y á los soldados, ni que prohiba tener siervos, ni usar moderadamente del trabajo de los siervos, pero sí prohiben el imperar avara y cruelmente y el hacer intolerable la servidumbre, siendo así que la salud y el bienestar de los nervios debe mirarse como una parte del bienestar propio. El siervo, como declaran los filósofos, es como una parte animada de su dueño, aunque esté separada de él. Estos y otros semejantes crímenes los detestan no sólo los hombres religiosos, sino también los que son únicamente hombres buenos y humanos. Porque si, como dice San Pablo, «el que no tiene cuidado con los suyos niega la fe y es peor que los infieles», ¡cuánto peor y más detestable hemos de llamar á aquel que no solamente no se cuida de los que han sido confiados á él, sino que los atormenta y aniquila con exacciones intolerables ó con servidumbre injustísima ó con asiduos é intolerables trabajos, como dicen que en ciertas islas han hecho algunos con suma avaricia y crueldad? Un príncipe justo y religioso debe procurar por todos los medios posibles que tales enormidades no vuelvan á perpetrarse, no sea que por su negligencia en castigar ajenos delitos merezca infamia en este siglo y condenación eterna en el otro. Nada importa (como dice aquel pontífice) no ser castigado por pecados propios si ha de serlo por pecados ajenos, pues sin género de duda, tiene la misma culpa que el que comete el pecado el que puede corregirle y no lo hace por negligencia. Y el papa San Dámaso escribe: «El que puede atajar las maquinaciones de los perversos y no lo hace, peca lo mismo que si favoreciera la impiedad.»

Resumiendo ahora en pocas palabras lo que siento, diré que á todos estos males hay que ponerles adecuado

spiciendumque censeo: ut nec justis præmiis bene de republica meriti fraudentur, et in populos pacatos justum pro ipsorum natura imperium, mite et humanum, ad summam quale Christianos Principes decet, exerceatur, non modo ad imperantium utilitatem, sed etiam ad subjectorum salutem, ipsorumque naturæ et conditioni aptam libertatem accommodatum.

APPROBATIONES

«Perlegi opus in quo nihil inveni a veritate alienum, sed plura quæ legantur digna, adeoque opus cum auctore non modo commendo sed admiror.

FR. DIDACUS DE VICTORIA.»

"Et ego legi hoc opus docte elaboratum, et nihil inveni quod meo judicio probabilitate careat, immo ea quæ ex sacris litteris et sacris Doctoribus hic adducuntur ita suadent hujus doctoris intentum ut nullus quamvis protervus oppositum audeat affirmare.

MOSCOSO.«

remedio para que no se defraude el justo premio á los que sean beneméritos de la república, y se ejerza sobre los pueblos dominados en imperio justo, clemente y humano, según la naturaleza y condición de ellos. En suma, un imperio tal como conviene á príncipes cristianos, acomodado no solamente á la utilidad del imperante, sino al bien de sus súbditos y á la libertad que cabe en su respectiva naturaleza y condición.

APROBACIONES

Leí esta obra y en ella nada encuentro que no se ajuste á la verdad; sino al contrario, muchas cosas dignas de ser leídas, por lo cual no sólo recomiendo, sino admiro la obra y á su autor.

FR. DIEGO DE VICTORIA.

Yo también he leído esta obra, doctamente elaborada, y nada encuentro en ella que á mi juicio carezca de probabilidad. Al contrario, los argumentos que aquí se alegan, tomados de las sagradas letras y de los Doctores de la Iglesia, favorecen de tal modo el sentir de su autor, que nadie, por protervo que sea, se atreverá a afirmar lo contrario.

MOSCOSO.